胖东来

爆火的朴素逻辑

木 刀◎著

台海出版社

图书在版编目（CIP）数据

胖东来爆火的朴素逻辑 / 木刀著 . -- 北京 ： 台海
出版社，2024. 12. -- ISBN 978-7-5168-4061-0

Ⅰ . F279.23

中国国家版本馆 CIP 数据核字第 2024JW1107 号

胖东来爆火的朴素逻辑

著　　者：木　刀

责任编辑：王　艳　　　　　　　　　封面设计：张合涛

出版发行：台海出版社

地　　址：北京市东城区景山东街 20 号　　邮政编码：100009

电　　话：010-64041652（发行，邮购）

传　　真：010-84045799（总编室）

网　　址：www.taimeng.org.cn/thcbs/default.htm

E - m a i l：thcbs@126.com

经　　销：全国各地新华书店

印　　刷：艺堂印刷（天津）有限公司

本书如有破损、缺页、装订错误，请与本社联系调换

开　　本：710 毫米 ×1000 毫米　　　　　1/16

字　　数：167 千字　　　　　　　印　　张：13

版　　次：2024 年 12 月第 1 版　　印　　次：2024 年 12 月第 1 次印刷

书　　号：ISBN 978-7-5168-4061-0

定　　价：68.00 元

序

胖东来没有秘密

胖东来能不能学得会，以及如何学习胖东来，是零售行业甚至整个商界近几年一直在探讨和争论的问题。

对此，我的答案简单且坚定：能学且不难学。

之所以有这样的答案，是基于一个简单且清晰的朴素逻辑：胖东来没有秘密。

和大多数超市更注重卖场环境设计、商品结构以及硬件设备这些"术"的层面不同的是，胖东来注重的是"道"，它永远把人放在第一位，用人的主观能动性推动"术"在理性健康的轨道上运转。

把"道"放在第一位，还是把"术"放在第一位，尽管只是起点不同，但结果往往产生天壤之别。看看那些和胖东来同时期成立的超市，有的已不复存在，有的还挣扎在生死边缘，有的曾经辉煌过，现在却在没落……

这里面的逻辑其实并不难理解，把"术"放在第一位的企业更看重的是短期利益，急于挣钱往往挣不到钱。很多企业急于挣钱，往往会牺牲员工的利益，而"术"只有通过员工才能起作用，短期利益往往会让企业走入歧途。

把"道"放在第一位的企业，更看重的是长远目标。与这个目标相悖的"短期利益"它们会舍弃，它们把员工放在第一位，员工就会落实"术"、推动"术"、发展"术"。员工推动"术"，"术"为企业带来利益，形成正向循环。

胖东来没有秘密，更不难学。在一次公开场合，于东来对在场的企业家说过这样一句话：善良你不会吗？难道善良还要学习吗？

善良就是胖东来的"道"，善良把胖东来这块招牌擦得闪闪发光。

胖东来把95%的利润分给员工，给员工提供各种福利和假期，尊重员工并引导其走向更美好的生活。员工则用真心和激情回馈企业，把"术"的各个层面落实到位，这种发自内心的驱动力，会把"术"的力量成倍放大，把企业完美地呈现给顾客，流向企业的利润便也滚滚而来，这样的利润才是真正长久的利润，才不会昙花一现。更为重要的是，充满激情和有着内心驱动力的员工，会把企业的善良传递给顾客，温暖并感动顾客。

站在时间的维度上观察胖东来，我们会发现，成就胖东来的底层逻辑并不复杂。用善良对待自己的员工，先把自己的员工服务好，员工就会把善良传递给顾客，而被善良温暖的顾客则会口口相传，他们也会把胖东来的善和美，传递给亲朋好友，把胖东来的真和诚，通过网络传送到能够触达的每一个人和每一处地方。正是胖东来的顾客，把胖东来三个字变成了爆火的品牌，爆火的品牌又放大了胖东来的价值，继而把胖东来演绎成"一种现象"。

这也是为什么我们继出版《胖东来：向善而生》后，又推出本书的原因所在。如果说前一本书讲的是"道"的话，这本书则是在探讨"术"，只有"道""术"结合，才能让企业基业长青。

2024 年 7 月 13 日，胖东来创始人于东来在抖音平台发布多条消息，他表示，超市行业基本进入了发展的死角，主要原因是达不到顾客的信任和需求。目前正是零售行业的转折期，在中国学习的榜样只有山姆、开市客、阿尔迪三家企业。

你看，胖东来的态度永远是谦虚的。满招损，谦受益，于东来尚在不停学习，你我更应学无止境。

目　录

第一章　胖东来的反商业模式

第一节　反向操作的商业模式 / 002

第二节　商民共生的生财之道 / 011

第三节　新乡闭店风波的深层透析 / 018

第四节　于东来的心路感悟 / 025

第二章　胖东来的商超生意经

第一节　品类大而全，勿以利小而不为 / 034

第二节　品种好而精，正确引导消费观念 / 041

第三节　库存高速周转 / 048

第四节　适可而止的保本毛利 / 055

第三章　胖东来的定制生意经

第一节　胖东来的烟酒茶生意 / 064

第二节　胖东来的金银珠宝饰品生意 / 071

第三节　胖东来的大众服饰生意 / 077

第四节　胖东来的餐饮生意 / 085

第五节　和谐的零供关系是高效供应链的基础 / 092

第四章　快乐工作的科学安排

第一节　员工成长规划 / 096

第二节　薪酬福利规划 / 103

第三节　"五化一体"服务体系 / 110

第四节　工作时间进化史 / 117

第五节　不断更迭的激励方法 / 124

第五章　危机处理从容淡定

第一节　一把火的反思 / 134

第二节　当欲望大于能力 / 141

第三节　"委屈奖"的由来 / 148

第四节　经典案例：女员工"尝面条事件" / 154

第五节　经典案例：赔偿 800 多万元的"一碗面" / 160

第六章　流量型商超的星火燎原

第一节　流量型网商的 AB 面 / 168

第二节　流量型商超的崛起 / 175

第三节　胖东来线下拓展的可能性 / 180

第四节　胖东来线上飞跃的可能性 / 187

第五节　为什么胖东来这么火 / 194

第 一 章

DI YI ZHANG

胖东来的反商业模式

第一节 反向操作的商业模式

在中国零售业界，胖东来就像个神话。

没见过把进价、利润展示给顾客的；没见过茶叶只赚 20% 毛利的；没见过下午六七点钟面包、熟食就被抢空的；没见过商场成了景点的；没见过一个店改变了一个城市形象的。

胖东来的成功超越了"把利润当成企业存在唯一价值"这一认知圭臬，它展示了一个企业健康发展与团队幸福感和谐共存的模式，胖东来有一群把"自由·爱"真正践行在行动上而非口头上的人。

胖东来不像是家企业，更像是个存在于纯洁、与世隔绝净土中的美好传说。

但成就这个美好传说的不是那些精明的商业行为，而是看上去"反商业"的一系列动作。

"反商业"的胖东来

做生意到底是为了什么？

于东来经常在各种场合抛出这个问题。

对这个问题，于东来的答案每次都一样："和一大群志同道合的伙伴们一起，打造一个快乐的团队，用自己的辛勤劳动和聪明智慧去开创事业、发展事业、创造财富，是一件充满激情的事情。我们的事业也许不是最大的，但我们一定要尽全力把它做成最好的、最快乐的。"

和大多数企业为了"赚钱"的目标相比，于东来的答案显得很"反商业"、很"另类"。偶尔一次的"另类"，或许可以理解为胖东来的"噱头式"传播，但在过往的许多年里，你能找到的类似例子数不胜数。

利润太高，他会开除主管；

员工加班，他会罚款；

茶叶营业额太高，他让员工提前下班休息；

他还会强制员工休年假且要求必须去省外旅游；

还有一项"反商业"的规定——每周二闭店，打破中国零售业白天永不歇业的神话；

而早在多年前，胖东来就实施了"春节闭店"；

……

对零售企业来说，闭店是一件非常损失效益的行为。

对零售业来说，"时间就是金钱""开门营业就是收益"，即使不算闭店一天所产生的高额商场租金，以及作为人员密集型企业的人工成本损失，仅一天减少的客流量，就足以让企业营收减少千万级别。在流量生意越来越贵的今天，夫妻店都不敢闭店一天，失掉一天的顾客、一天的营业额，而一家百亿规模的零售企业，却选择周二闭店，而且是每周！

神奇的是，这些看似"反商业"的行为，却没有影响胖东来的商业发展。

胖东来只要开店，就会人来人往、川流不息。周边竞争对手，哪怕在胖东来闭店的周二，经营数据也并不乐观，因为大家都在等着胖东来开店。

中国连锁经营协会的调查数据显示，胖东来的人效、坪效在中国零售企业均排名第一。马云称赞它"引发了中国零售商的新思考，是中国企业的一面旗帜"。雷军称赞它"在中国零售业是神一般的存在"。

但胖东来的成功，却在商业之外。

于东来早就说过：不要从商业角度来理解我闭店休息！

首先，这关乎人性化的管理哲学，零售业基层员工的休息权长期被忽视，胖东来希望能引发业界的关注和思考——员工是人，他们应该有完整的生活。

其次，从更深层次来说，胖东来通过闭店昭告顾客的是一种生命状态和生活态度：我们可以少挣一点、走慢一点，更多一点真实、更多一点自由、更多一点快乐，让灵魂能跟上我们前行的脚步，这才是人生！

商业哲学是形而上的无形认知，我们能感知的却是形而下的实践路径。

商业哲学是共通的，实践路径可以是不同的：它决定了你可以成为你自己，而不是第二个胖东来。

但遗憾的是，至今很少有企业懂其中"真味"。

反常规的管理起点

这些"反常规"的制度，为什么成就了最成功的商业？

要弄清这个问题，就必须走近胖东来的缔造者于东来。

作为一个老板，于东来给人的最深印象不是生意经，而是他对做人、人生、思想境界的追求与探索。

没有管理专业的资深学历，没有高不可攀的家庭背景，凭借"以人为本"的朴实信念，于东来将一个企业家的强烈社会责任感灌注到每个人心中。在于东来眼里，"KPI（关键绩效指标）""绩效考核"是肤浅的，这些东西只作用于表面，只有"人性"才是最根本的。

他对"人性"的解释也很简单：当你真心对员工好的时候，员工也会真心回报你。当其他老板想方设法倡导员工努力工作时，于东来却要求他的员工快乐生活。

胖东来的企业文化也令人折服，他们将"休假"写进企业制度里面。在胖东来，是不允许加班的，员工不休假也会被开除。其管理逻辑很简单：你如果加班、不休假，就会少很多休息时间，也会影响你与家里人相处，你又怎么培育起"自由·爱"呢？

同时，当你了解了它的使命和愿景后，不会觉得它是一家零售商贸公司，甚至都不会觉得它是一家企业。它传递的不是商业效率和野心，而是满满的大爱。

在"内卷"的今天看来，这是反逻辑的。

于东来认为零售业服务好顾客才是第一位的，利润只是副产品。没有那么多考核，没有那么多"内卷"，员工才会有舒畅的心情、真诚的笑容，才会真心真意地为顾客做好服务。

很多企业家慕名而来，到许昌胖东来学习，看商场、看超市、看物业、看商品、看服务，一尘不染、品质过硬，商品丰富、陈列整齐，员工敬业、服务到位，消费高涨、顾客满意，但对为什么胖东来能做到这样，每个人得出的结论不尽一样，有的看到的是过硬的商品品质，有的看到的是制度流程，有的看到的是精细化管理。

这些都没有错，但他们的管理起点却和胖东来恰恰相反，他们通常的管理逻辑是：

第一，制定各种制度来约束。

第二，视员工为成本。

第三，集权制，主管对下一级员工进行考核管理。

在很多企业，我们经常听到的一句话是：做不了就走人、达不成就开掉。比加班、比奉献、比业绩，考核指标不断加码，这样的企业如何让员工获得归属感、价值感、获得感？

员工在这样的氛围下，必然是焦虑和无助的，面对顾客、面对市场，所提供的服务不是发自内心的也就再正常不过了。

中国式管理的逻辑

于东来认为，做企业重要的是解决人的问题，让自己和家人幸福，让管理层和员工幸福。

首先，就是真诚对待员工，培养出阳光大爱的胖东来团队。

爱员工，要说到做到。不能一面涨工资一面加任务。做企业先用理性方法让员工得到关怀和尊重，员工产生信任后，再灌输科学的理念，让其懂得什么是生命、什么是生活、什么是人生；懂得怎样做人、怎样做事、怎样活出精彩和健康。

其次，要求员工品德高尚，心向美好。

胖东来非常重视员工的品德，坚决不用不成熟的人、品德有问题的人。每个部门对员工的工作状态严格管控，懒散属于非常严重的思想和心态问题，要求从严从重处理。只要不犯原则性错误，技术性问题可以在经历中逐步成长。

再次，成人之美，会干会玩，创造幸福团队。

对团队成员多尊重、多信任、多鼓励、多认可、多帮助，要有成人之美的心，让团队健康成长。员工开心工作、快乐生活、创造幸福、享受幸福，企业也会越来越好。在于东来的带领下，胖东来的员工像兄弟姐妹一般，情同手足，开心工作。

琳琅满目的商品、优雅舒适的环境和体贴入微的服务，让在胖东来购物成为顾客的一种享受，甚至是一种生活方式。与其说这是企业，不如说这是一个温馨快乐的大家庭。于东来也以"家长"的身份自称，所有的员工见到他，都亲切地叫他"东来哥"。

在胖东来，人性化管理不是放弃标准化制度。事实上，在流程管理上，胖东来做到了极致。比如擦厕所的洗手台有几种抹布，每次清洁的先后顺序是什么，煮水饺时要放多少克水、煮多长时间等都有十分详细明确的规定。制定制度和标准并不难，难的是每位员工严格执行、用心执行，甚至超标准执行。

人性化管理是本，制度流程是标，标本兼治才能做好商业。胖东来通过人性化管理让员工有了自驱力，再通过标准化给员工在操作层面提供了参考，构建了"企业爱员工，员工爱顾客，顾客爱企业"这样的商业闭环，这是胖东来管理的逻辑。

这些年，我们不断实践西方的管理思维。"平衡计分卡""360评测""计件工资"等这些西方工业管理的产物被奉为至宝,追求的是效率和利益,忽略了人性的东西。

那么,怎样才能做好企业管理呢?

于东来的答案是四个字:尊重、快乐。尊重顾客的人格,带一个快乐的团队。"把员工当自己的亲人看,而不是赚钱的工具。如果有 40% 至 50% 的中国企业家能做到视员工为家人,社会一定能够和谐。"

引领良性商业生态

"胖东来唯一的缺点,就是我们家没有。"这句话被网友们推上了热搜。

然而,这背后隐藏着一个更深的问题:胖东来的经营模式能不能复制和推广?

胖东来走出河南向外扩张,似乎很难。一方面是由于离开新乡、许昌这样的三四线城市向一二线城市发展,想要维持当前的服务水准,其人力成本会大幅提升;另一方面更重要的原因是,即便运营、管理模式都全盘复制,又有多少资本方愿意像于东来一样"用爱掌舵"。

从理论上讲,模仿胖东来很容易——为顾客提供优质服务、为员工和社会提供价值。但事实上,很多企业在实际执行的过程中,出于成本和利润等方面的考量,将顾客服务或是社会让利一缩再缩。

这也是为什么那么多企业来胖东来取经,却很少有企业家悟出胖东来的真谛:只有将用户服务体验与企业社会责任两者都做到极致,才能迎来营业额的稳定持续增长,从而有更多的利润可以分配给员工去提升顾客体验,这才是一个良性的商业闭环。

而于东来本人对其商业模式的推广，再次印证了这位企业家的"大爱"精神——做企业帮扶者。

2024年3月31日，于东来亲临长沙启动帮扶长沙本土零售品牌——步步高。这次帮扶计划，胖东来派出20人的高管团队全程参与，计划用两三个月的时间，改造两三家步步高超市门店。

这或许就是胖东来走出河南的另一种形式，但更重要的是，胖东来作为零售行业的"顶流"想要引领并重塑商业生态环境的决心和行动。

胖东来也并非无懈可击的，品牌爆火带来的流量是一把双刃剑，更多的人认可并信赖胖东来的同时，也滋生了门店人流量过大造成的经营压力以及黄牛代购等问题。如何在流量之下妥善处理市场经营秩序，显然是胖东来未来一段时间面临的新挑战。

创始人的品牌价值

如果你留意这家企业就会发现，胖东来的每一次出圈，基本上都和于东来有关。

中国品牌的网红路径大致也是如此，就像董明珠之于格力，没有董明珠的格力一定会失色不少，同理，没有于东来的胖东来更是如此。

胖东来是什么时候从河南人的超市天花板变成了整个中文互联网语境下的网红的呢？这已经无从考证，但2020年初，胖东来为疫情捐款5000万元无疑起了很大的助推作用。也正是从那时起，雷军口中"神一般的存在"的企业才真正意义上在全网广为传颂。

捐款过后的于东来，遭遇了网友的"深扒"，而被扒出来的种种行为，通过互联网快速传播，受到了网友的推崇。其中 1996 年于东来兄弟三人东拼西凑了 2 万元，从河南来到北京给国家捐款造航母的故事成了互联网快速传播的发酵点，当年的新闻纪录片在 20 多年后的互联网聚起来巨大的正向流量，推动胖东来成为网红。

随着网友的"深扒"，更多的发酵点逐渐显露："95% 的利润分给员工""豪华卫生间，另设老人儿童专属""给老年人配备放大镜，方便看商品的价格""一件羽绒服只赚 3 毛钱"……

胖东来的"好"被互联网放大，越来越多的人知晓并称赞。

"中国最好的超市"逐渐成为胖东来这个品牌的最大标签。

不同于很多企业"赚了更多的钱才能给员工涨工资"的商业逻辑，于东来认为：爱、善良、舍得是一个好带头人的基因，不能等你发了财才去对员工好。

这种不同于多数企业的反向操作模式，成就了于东来和他缔造的胖东来，也让于东来成为大众能想象得出的现实世界中企业家的完美代表。

在把快奉为圭臬、处处"内卷"的商业世界，于东来给行业带来了一套意想不到的反向玩法。这种反向操作看似让胖东来损失了很多金钱，然而在大众舆论发酵之后，又以品牌美誉度的方式反哺给了品牌，进而为其带来流量和利润，形成了正向商业闭环。

另辟蹊径的反向操作成就了胖东来品牌，炫目的品牌号召力其实只是胖东来独特文化理念的落地生根。

第二节　商民共生的生财之道

中国商超零售业"神话"般的品牌——胖东来屡次登上热搜。

许昌文旅局公布的数据显示，2024 年春节假期全市 11 家 4A 景区共接待游客约 127.3 万人次，而胖东来的 3 家商超仅 3 天时间就接待游客 116.33 万人次。胖东来九点半开门，但每天六七点门口就会排起长队。许多游客冲着打卡胖东来超市来到河南许昌，颇有与淄博烧烤、哈尔滨冰雪大世界等现象级旅行打卡目的地媲美之势。

究竟胖东来为何能够赢得顶流口碑？这种独树一帜的经营模式真的可以被推广复制吗？

优质服务带来利润

大部分品牌出于投入产出比等商业因素考量，在做服务设计的过程中会集中资源突出几项关键服务，聚焦打造几个让用户印象深刻的 MOT（Moment Of Truth——关键时刻）来提升品牌形象。但胖东来的服务多到、细致到让人怀疑它似乎从来不需要为经营成本考量。比如：

一进门的清洁洗手台与直饮水服务；

公开透明的产地、原料甚至成本介绍；

果切拼盘食用顺序建议；

方便顾客捻开食品袋的"蘸水"乒乓球；

购买冷鲜食品可寄存；

随处可见的休息座椅；

顾客投诉奖励与反馈处理；

……

这种无微不至的服务细节在胖东来数不胜数，从购前、购中到购后，胖东来提供的服务可以说几乎是全覆盖、无断点的。

这些服务看似花样百出，只有顾客想不到没有胖东来做不到，但事实上它们的共通之处都指向了"以人为本"。正如网友调侃的那样，在胖东来，顾客不再有被当作"韭菜"的不适感，而是被真诚地对待。

如果说顾客在胖东来感受到的极致服务体验像呼吸一样轻而易举，那么这句话还可以再加一个限定——不只是每一位顾客，还有顾客的宠物。

在胖东来进门处可以看到7种不同尺寸、不同造型的手推车，任何年龄段和有一定行为能力的顾客，都可以找到适合自己的购物车，开启一趟专属选购之旅。洗手间也配备了儿童坐便器以及儿童洗手池，在照顾到每位小朋友需求的同时也为家长分担了不少带娃压力。另外，胖东来还为顾客提供宠物寄存服务，员工会主动投喂宠物。

胖东来对于女性顾客的关注也足够充分，除了为经期女性提供不同应用场景的服务外，还有备用服饰供女性顾客解决临时衣着问题。除此之外，胖东来工具齐全的母婴室也被宝妈们亲切地称为"小型月子中心"。

胖东来对于银发顾客需求的关注更是领先许多超一线城市的三甲医院，胖东来的每一个卫生间隔间都设有方便老年人使用的无障碍扶手，各类商品展陈处放置有方便取用的老花镜、放大镜等工具，结账收银处设有老年人专用通道，方便不会使用数字化支付手段的老年人，以便他们能更好地享受购物的快乐。

随处可见的"帮助呼叫按钮"，让顾客更加安心和放心：在胖东来，没有什么是不能找工作人员解决的。

这些极致的服务体验源于胖东来对于不同类型的顾客的深度需求的洞察，真正做到了站在用户的角度、以用户为中心来提升品牌体验。与此同时，也赚到了可观的利润，这为其提升员工待遇打下了良好的基础。

员工待遇绝非画饼

胖东来常常被拿来与海底捞做对比，这两家以服务著称的企业，常被提及的是一线员工的精神面貌：无论是什么岗位的工作人员，无论是在做什么工作，即便是正在地上抠一块顽固的口香糖，他们的脸上仍然挂着积极向上的笑容。

显然，员工自身的幸福感是提供优质服务体验的不二法门。胖东来员工的幸福感一方面来自"自由·爱"的企业核心理念，另一方面来自企业对于员工实打实的关爱与保障。

除"不开心假"外，胖东来入职满1年的普通员工每年有带薪年假30天，胖东来每周二闭店全体员工休息，甚至在商超人流最为火爆的春节期间也选择闭店 5 天，希望员工能更好地休息以及陪伴家人。

在薪资待遇上，保洁等基层员工的税后平均收入超过 7000 元，远超河南省就业人员年平均收入。对于那些来取经的企业主，于东来总是强调胖东来没有什么经营秘术，只是每年将企业利润多拿出来一部分给员工涨薪。

更为巧妙的是，除了员工的劳动工时与收入等基础保障，胖东来能够在用户体验和员工体验中找到一个最佳的平衡点。

在 2023 年 6 月发生的一起顾客与员工的争执事件中，胖东来在事后公开了一份长达 8 页的"顾客与员工发生争执事件的调查报告"，承认在服务过程中存在问题，将管理人员全部降级 3 个月，并携带礼物和 500 元的服务投诉奖上门向顾客致歉。与此同时，胖东来认为，顾客权益受到了损害可以通过投诉渠道来反馈问题，但在现场高声责怪员工，对员工人格和尊严造成了严重伤害，决定给予员工 5000 元的精神补偿。

在诸如此类的公关事件中，胖东来总能以真诚、以人为本的处理方式赢得各方的认可，将危机转化为传递品牌形象的机会。

自从 2022 年胖东来的茶叶店因为货真价实被网友们发现后，一年多来茶叶档口的生意都处于爆火状态，日营业额从先前的几万元涨到 20 多万元。

对此，于东来第一时间想到的不是狂涨的营业额，而是员工会不会太辛苦了。"增加人不合适，因为热度下来后人没办法安排，不能随意辞退，但如此下去现有员工会受不了。"

于是他决定让员工每天提前下班，缩短工作时间。

于东来经常挂在嘴边的一句话是：什么 KPI、绩效考核都是虚的，你只有真心对员工好了，员工才会真心回报你。

胖东来作为 CSR（企业社会责任）的真正践行者，不将利润作为第一标准，将对员工价值的关注落到实处的经营模式，才是企业建立良性生态，并形成品牌可持续发展的关键。

用真诚实践社会共益共赢

很多人不明白，一个超市怎么能如此受人追捧？

原因很简单，真诚且有爱。

你听说过因为卖药利润过高，把部门负责人清理回家的吗？如此离谱的事情，也就胖东来干得出来。

在胖东来自营的医药超市里，最显眼的位置上摆放的药都是十元钱以下的。这些药，在其他医药超市可能都看不到。

对此，于东来表示，医药超市里的顾客都是生病了才会来到这里，这个时候，你不能只站在商人的角度对待这些顾客。卖药的要是再赚很多钱，是不合理的，一定是赚取合理的利润就行。

于东来直言：之前我们的这个药店，因为利润太高，我把他们部门的负责人都给清理回家了，不允许他们超出规定的利润。

也就是说，不管销售额多少，为了确保利润在红线以内，药店就必须控制好毛利率。比如胖东来时代广场药店，虽然只有 300 平方米，但一天的销售额将近 20 万元。毫无疑问，这是非常高的销售额，所以在控制总利润的情况下，药就卖得很实惠。

总之，胖东来要传递的理念，是自由、爱和幸福。

2023 年底，胖东来被人举报：维生素 C 的价格高于其他药店。

对此，胖东来直接宣布闭店，并且大规模赔付买贵的顾客，然后通过排查 17875 款药品，整体下调 2124 款药品的价格，下架 186 款价格不可控的药品。

胖东来的老板于东来在互联网上已然成为一个鲜明的代表，他倡导的"商业向善"的理念在互联网上不断地被传播、被放大。

他在各类灾害事故中带领员工前往一线，伸出援手：2008 年汶川地震时，胖东来不仅向灾区捐款 600 万元，还赠送了方便面、被子、药品、帐篷等价值 100 多万元的物资。除此之外，于东来还带领 140 多名员工紧急奔赴灾区一线，他身着迷彩服，和其他人一起抢救幸存者，为灾民搭建帐篷，疏散群众，帮助群众撤离。

2021 年 7 月，河南遭遇暴雨险情，胖东来捐款 1000 万元，创始人于东来又和员工们冲在郑州抗洪第一线，在泥水里不停地往来穿梭。

许多企业都知道公益活动可以帮助企业塑造良好的形象，但往往参与深度不够，浮于形式和表面，像于东来一样身体力行的企业家屈指可数。

"两难"命题的解决之道

有记者问于东来，胖东来有没有扩张的规划。

听到这个问题，于东来连连摇头："只要我活着，这个品牌就不会全国性扩张。"

胖东来的企业文化重视"自由·爱"，让更多人懂得扬善戒恶。于东来认为，企业文化的扩张要远远高于企业规模的扩张。

他希望更多的企业懂得尊重员工、关爱社会。正如国家所提倡的那样，先富起来的那批人要有社会责任感，要缩小贫富之间的差距。"国家不需要一个很大的胖东来,而是需要越来越多的企业变成胖东来。"

用真心换真心,自己幸福也要为他人传递幸福。这是于东来的人格魅力,也塑造了胖东来的品牌魅力。

但不可否认的是,在追求企业效益与践行企业社会责任的"两难"命题上,胖东来早已找到属于自己的平衡之术。

有人说,胖东来看得到却学不会,更有人说,于东来不扩张是心虚。可实际上,于东来把自己的店关了,却不厌其烦地帮别人管理店铺,而且往往从大幅提高员工待遇开始,还担保要是赔钱自己补,然后用脱胎换骨的经营征服和改变了全国各地很多前来取经的老板们。

在于东来的身上,看不到功成名就的老板的架子,从前他是小卖部的老板,现在的胖东来做的还是街坊邻里的生意。正月初五开门挤爆,于东来不是在现场劝架,就是忙着合影,甚至一生气还要闭店……这种接地气、接人气,只因他想做一个脚踩黄土撒播种子的商业哲人。

在五花八门的商业模式纷纷登场的当下,于东来依旧是人间清醒。

第三节 新乡闭店风波的深层透析

2015 年 12 月 21 日。

这个时间点，伴随着新乡胖东来百货的关闭而定格在新乡人的记忆里。

"自打大胖关了店，每天都成了星期二（胖东来每周二闭店休息）。"已经习惯了大胖存在的新乡人，如此表达心中的失落。大胖，是老百姓对位于新乡市平原路的胖东来百货约定俗成的昵称，新乡胖东来生活广场则被叫作小胖。

在新乡，打车说去大胖、小胖，司机二话不问，一定把你送到。

一场闭店感动了一座城市

"关店那天，一位阿姨走过来交给我们一封信，紧握着我们的手，说'孩子，我想跟你们说些什么，但又不知咋说'，然后就哭着走了。我们打开信，上面一角写着'孩子你们辛苦了！'当时我们就哭作一团……"大胖客服主管刘燕回忆起闭店当天的场景，几度哽咽。

看似早已尘埃落定的闭店，在卖场营业的最后一天掀起了高潮，这一天新乡市民络绎不绝地来到大胖拍照留念，更有顾客边流泪边拍照，卖场里弥漫的是对大胖的那份感动与真情。"有位妈妈受 11 岁儿子之托，前来寻找'能代表胖东来的纪念品'，只要是带有'DL'标识的商品就买下来。"

本来记录顾客意见的意见簿也成为顾客诉说心声的"真情册"。"很喜欢在胖东来购物，从 2006 年至今，在这里消费成了一种习惯，在这里花钱是一种享受……"

顾客李女士的不舍与留恋，代表了更多人对胖东来的情感："希望胖东来以更好的状态，再次服务新乡市民。"

闭店当天，出租车司机王师傅也到了现场，她原本想在大胖闭店前再去看上一眼，当无意间看到前几天买的一款衣服做了促销处理时，心想："大胖都要关店了，差价还会给退吗？"回到家拿出购物小票和衣服到胖东来试了试，"结果人家还真给退了 70 元！"

一场闭店，引爆了新乡人的朋友圈。一位在北京工作的新乡小伙子得知胖东来闭店的消息后，从网站上找到客服的电话，只为告诉胖东来人："你们要加油！"

闭店当晚的胖东来，一直延长营业到 11 点左右，总共放了 6 次送宾曲后，顾客才渐渐离开。

这样的感动还有无数无数，这无数个感动的瞬间串联成一座城的故事，也迸发出无数动人的爱的故事。

几经周折，新乡情未了

如此，在新乡，大胖 10 年来的历程在 12 月 21 日那天画上了句号。如此，在新乡，以后就只有小胖了。然而，早在 12 月 8 日，于东来赶到新乡参加了一场和大胖员工与合作商的告别会，正是那场告别会，彻底改变了于东来把大胖关掉就不开新店的想法，这是于东来自己也没有想到的。

"你看他们都哭成啥了，哭得跟没娘的孩子一样，心里有点不忍心……"作为胖东来人大家长的于东来，在最后一刻深切感到了员工对这个企业、对他发自肺腑的爱。

告别会第二天，12月9日凌晨3点50分，于东来在随笔中写道：睡不着！满满的感情，明天我去找物业方沟通，争取把关店的时间延长到新店开业！大家不要揪心，先正常开心地生活！我爱你们……

这是大胖店由关到另选址开店的一大转机，尽管这一切仓促了些。

在于东来的心里，他是想把新乡店关掉的，因为他感觉不到员工对大胖、对这个企业的爱与渴望。但于东来又是出了名的性情中人，他看不得自己的"孩子"委屈，看不得自己的"孩子"在强烈表达出爱他、需要他的爱时，他转身离开。

原本闭店、开店看似很简单的事情之所以会出现那么多的变化，是因为在情感与现实面前，于东来选择了情感。在一次次被感动后，他向现实发出挑战，尽管与旧址"缘尽"，但最终胖东来将在新的地址以全新的状态继续留在新乡，继续创造传奇。

大胖进入新乡，最开始是于东来要检验胖东来文化在异地能否成功落地，不忘初心，从这个意义上讲，大胖已经完成了它的使命。

"守护神"

如果对老百姓来说，胖东来是一位周到体贴的"贴心人"，那么对员工来说，胖东来就是知冷知热的"守护神"。

胖东来有许多双职工夫妻，还有父母、儿子儿媳一家几口都在胖东来工作的。他们有新乡本地的，也有从许昌调过来的。虽然来自不同地区、不同家庭，但他们有一个明显特点——由衷热爱和感恩胖东来这个大家庭。对他们而言，胖东来董事长于东来就是这个大家庭的大家长，就是他们的大哥。

人力资源部主管客服的刘燕和企划部的杜鹏就是一对双职工，他们在胖东来相识相爱，在大哥见证下结婚生子，伴着胖东来的发展成熟、长大。

1999年，19岁的刘燕就到胖东来许昌第一家量贩店工作了。那是她人生的第一份工作，对"老板"俩字还没什么概念。在她的印象里，于东来总爱开玩笑，来店里大家也是打打闹闹的，一点儿都没有老板与员工之间的距离感。有同事过生日，于东来还会组织一个party（聚会）。party上即使只有一个简单的蛋糕，大家还是玩得很开心、很尽兴。

2005年后，大胖开业时刘燕和杜鹏先后到了新乡工作，许昌的同事十分关心他们在许昌的家人。逢年过节，来不及给父母备年货时，同事们谁有空就帮着买了送过去；家里有事儿，自己回不去，公司也会派人到家里照料。

一次，刘燕的母亲在许昌突发脑梗。情况紧急，来不及告知刘燕，同事们就帮她把母亲送到医院，忙前忙后找医生、办住院手续。一切都安排妥当了，才打电话给正在上班的刘燕。当时同事是这么说的："刘燕跟你说个事儿，你先别着急，咱姨不太舒服，医院已经住上了，也找了人了，手续也办过了，你下午开车回来慢点儿就行了。"

当时刘燕为母亲担心，但庆幸自己在胖东来工作，碰到一群好的兄弟姐妹。家中无论大小事务都有公司、同事无微不至的关心和照顾，让她很安心。

大胖店关了，1400名员工只要愿意，还可以继续到小胖上班，待遇不变，而想要离开的员工按工龄每人可以领到 5000 元／年的补偿金。

"厂家促销人员每人也可以从胖东来领到 3000 元，当我们的驻场人员告诉我这件事时，我还有些不信，以为这笔钱要由我们联营商支付。"大胖的联营商代理商说这番话时，感动之情溢于言表。

一件件有爱的小事经过不断累加、堆积，在员工心中撒播下了爱的种子，让他们深深地爱上了这个企业。这也是为什么，当得知大胖要闭店时，他们如此心伤、如此动容。

鲇鱼效应

自 2005 年胖东来百货进驻新乡以来，与之相关的一切都在悄然变化。

10 年前，新乡商业最火的地方是街边的专卖店，老百姓对商场"不感冒"，供应商也觉着圈在楼里的生意不好做。因为不被看好，大胖开业初期 4.2 万多平方米的面积中，95% 都是胖东来自营。

走过 10 年风雨，胖东来最终凭借优质的商品、贴心的服务、干净的环境等"自身修养"得到新乡社会各界的认可，品牌代理商更是争相入驻。它像领头羊一样，一直带领新乡商业向前冲。它让新乡老百姓知道：超市可以那么干净，停车可以免费，衣服裁边、锁边、缝边、熨烫可以免费，皮衣保养可以免费，东西买后可以无理由退货……

2005 年 10 月 23 日，新乡胖东来百货开业，瞬间商场中庭、楼梯、通道里挤满了来自新乡四区八县的顾客。开业不到 2 小时，电梯旁的玻璃就被挤爆，商场不得不提前结束营业，进行调整。25 日再开业，没有锣鼓、没有音响、没有花篮，胖东来百货低调打开大门，到了下午人气同样爆棚……

大胖货真价实的商品，"哥""姐"的亲切问候，问一答三的服务水准，干净发亮的地面，各种免费，无条件退货……很快将新乡的顾客聚了过来。

它的出现，就好像一群安逸的沙丁鱼中，突然冲进一条危险的鲇鱼，给新乡的企业带来了前所未有的竞争压力和市场冲击，搅动了新乡商业的一池静水。

客流的减少、市场份额的萎缩以及销售额和利润的下降，迫使新乡本土企业开始自觉或不自觉地学习、效仿胖东来的经营与服务。就连新乡市领导都对当地企业家说：别跑到大城市甚至国外的哪家商学院、MBA（工商管理硕士）班学习了，榜样就在身边，好好向胖东来学习。

于东来为什么能做到

胖东来的成功其实很简单，就是用心爱。

但是，为什么爱的力量能够在胖东来被充分激发出来呢？关键在于如何将这种对人性本质的哲学思考转化成可以落地执行的企业运作机制。

"尊重员工的分配体制确保员工快乐工作、技术业务层面的高标准、严要求机制确保商品品质、将心比心用爱服务顾客的企业文化"，被称为胖东来成功的"三宝"。

胖东来率先做到了大爱，它给员工高薪酬、高福利，先付出自己的爱，换来了员工的认可与追随，并将这种爱从高层到一线员工层层传递下去。

同时，胖东来的爱并不是无原则的给予，对业务、技术、商品、品质、服务等层面的高标准、严要求是决定员工得到这种大爱的重要考量机制。这样的机制保证了员工将企业的爱充分地传递给顾客、传递给合作伙伴、传递给同行、传递给社会。

胖东来的"大爱"文化看似简单，但想学会确实需要完整地学、系统地学。有些企业简单化地将其理解为涨工资，从胖东来学习回去就给员工涨工资，而没有其他方面的跟进，比如引导、教育员工接受和建立与企业价值观一致的理念、建立和完善以尊重员工为核心的分配体系、对员工进行专业的技能培训、强化高标准严要求的运营机制等。如果这些没有做好，再加上急功近利，结果可能只是增加了人工成本而效果不佳。

胖东来之所以如此踏实地创造出一个可以实现的企业"理想国"，正因为它的灵魂还在，并愈加铿锵！

只追求利益做不好卖场，心中有美有爱的时候，才能把卖场做得更好。做商业不要想着多销售商品，而是要让顾客明白什么是好商品，让顾客得到实实在在的好服务，获得自己需要的高品质商品，最终让顾客感觉到更幸福、更满意、更满足……

优秀的企业家要有信仰、讲道德，认真思考企业到底该往哪个方向发展、发展理念是否科学等，使企业具有良好的运营品质、明确的发展方向、打造优秀品质的能力……

这样沉淀下来的企业品牌才会闪闪发光。

第四节　于东来的心路感悟

无法奢望每个企业都成为胖东来！

也不能奢望每个企业家都像于东来一样！

中国企业应该有多种脸谱，或服务，或价值，或工匠，或创新！

我们期望企业学胖东来，塑造向善、利他、分享、博爱的文化与信仰！

我们期望企业家学于东来，理解真正的企业是做什么的。

而要做到这些，首先要做的是理解于东来、读懂于东来。

要活成一个真诚的人

要理解于东来，需要先明白于东来这句话背后的道理。

"以前很多人问我，胖东来为什么不发展？我说是受到瑞士的启发。如果一个国家到处都是胖东来，那胖东来将来倒闭了怎么办？如果各个行业都是追求美好的、追求善良的、追求品质的、追求健康的、追求时尚的、追求美丽的，我们每个人都有这样的生活元素，是一个胖东来好呢？还是千千万万个像胖东来一样，有这种美好品质体现的企业，这个社会更好呢？"

要理解于东来，需要先理解于东来的人生观。

于东来很善于把自己代入各种角色，他经常在公开场合讲，假如我是一个乞丐，也会是一个幸福的乞丐，一个能影响别人的乞丐。这样的"假如"于东来有很多：假如我生活在农村，假如我是一个打工者，假如我是一个个体老板……

他把自己代入到各个角色，去感受、去畅想。

在于东来看来，每一个人，不论身份高低、职位差异，只要拥有健康的理念，都能自在快乐。否则，即便是在外人眼里功成名就的企业家，内心也依然是不幸福的。于东来常说，大多数企业家并不懂得生命的意义，因责任、面子而自我束缚，因成功的幻影而自我迷失，因利益而自我扭曲，"这样不叫企业家，叫奴隶家，真正成功的企业家应该是健康的，是轻松和幸福的。"

理解了这一点，也就理解了于东来的经营之道。

"按自己的方式来做企业，做得好了就多花点钱，做得不好就少花钱，做不下去了就关门。"总之不能损害的，是时刻享受幸福的生命状态。企业家自己先要改变，也要带动员工改变，只有这样，企业才能是健康的。

胖东来很多打破常规甚至匪夷所思的做法，正是从这个理念上生长出来的，比如"委屈奖"，比如10天"不开心假"。

与追求规模、利润和效率的企业不同，胖东来将"爱"作为企业信仰，涵盖了对自我、家人、员工、顾客和社会的关爱，并将其转化为具体行动。这种价值观在胖东来营造的商业生态中实现了最优解和共赢。

企业不仅仅是企业

于东来曾这样批评一些企业：嘴上、墙上都是"利他"，最终把钱都用于发展企业了，挣的钱都放老板的账户上了，员工感受不到、管理层感受不到，老板账户上有钱了就投资、赔钱、负债……结果是钱从手里过了一遍，一生的奋斗换来的是老了只有遗憾。

我们本应该轻松、快乐地去感受生命的美好，创造美好的生命！但是，因为不懂得怎样对待生命、怎样做企业、怎样生活，将生命搞得非常复杂，整天在这个循环里苦苦奋斗，把自己、家人、团队"搞神经"，感觉不"搞神经"就没有意义！最终变成"人不像人、鬼不像鬼"的状态才觉得"刺激"。

在于东来眼里，健康的零售企业应该是这样的：卖的商品是顾客放心的、是健康安全的，价格是合理的；员工是快乐的、幸福的，脸上洋溢着发自内心的笑容。

商业，与所有事情一样，日久见人心！

企业待员工的宽与仁，转化为员工待顾客的真与诚，口碑和品牌是积累的结果。

我们无法寻找人心的轨迹，却能体察感动的魔力！如胖东来、如海底捞，越是基层的员工，越有缤纷的创造。管理，应是全员势能的生发，剃去魔性，做正能量的集大成！

胖东来，更多是渗入了爱、自由、快乐等厚实美好的阳光理念，形成了良性的运营生态。爱远大于商业，而不是像多数普通企业，商业就是商业！

道术合一

胖东来之所以成功，根源在于他们坚持不懈地践行零售之道与术！

成全顾客、成全员工、成全社会便是零售之道。零售是为人服务的，顾客来到门店购买的其实并不是冷冰冰的商品，这些商品应该是有温度、有情怀的，这温度与情怀就是这些商品带给顾客的快乐、幸福、满足感和成就感……我们不仅仅是卖给顾客商品的，我们更是卖给顾客生活的，我们还是卖给顾客快乐和幸福的。

所以，如何让顾客在与这些商品接触的全过程——购买前、购买中、购买后能够有一种快乐、幸福的感觉？只要你能够占据顾客的这个心动点，只要你能够占据这个零售的制高点，就不必担心没有人为你投票了！

而给顾客提供良好服务的是员工，员工如果没有被服务好，员工如果没有被成全，那么他是不可能发自内心地去服务顾客的。

成全员工最重要的就是建立好人好报机制，让好人有好报、差人有差报、坏人有坏报。

这里的好人并不是指那些希望公司好、不害公司、没有坏心的员工，那只是好人的必要条件，好人的充分条件是要有好行为，还要有好结果，只有好心、好行为、好结果三者皆备，你才算是好人。

胖东来通过舍得、通过对员工独具特色的要求与管理，让好人不断涌现，而且让好人在行业内获得公认的好报！胖东来之所以能够获得国内其他商超企业无法超越的地位，根本的原因就在于建立了这种好人好报机制，这种好人好报机制便是对员工的最大成全！

除了践行这种成全人、打造人的零售之道外，胖东来还不遗余力地践行零售之术，那就是千方百计地把事情做到极致。

在零售企业，就是如何把环境卫生、商品、服务三要素做到极致！我们可以看到胖东来超市的卖场环境堪称五星级宾馆的水准，胖东来超市员工对顾客服务的那种主动、那种热情、那种发自内心的言行，也同样是做到了极致。

大家可能没有关注到的是，胖东来超市对于商品的研究也同样做到了极致，它们的商品动销率、商品差异化、商品性价比等体现商品竞争力的关键指标，都走在行业前列。

道术合一，我们需要求"术"，更要关于爱、自由、尊重、相信、快乐和幸福等"道"的本真！

打造独特的幸福商业模式

"新乡闭店"的事件，让于东来有了很多新的感悟，那就是，胖东来对他究竟意味着什么？对员工、对社会究竟意味着什么？

于东来意识到：胖东来首先是要创造幸福。让自己幸福，让员工幸福，让顾客幸福。胖东来不仅仅是一家超市、一个企业，更是一所学校。在这所学校里，他和胖东来人领悟爱、学会爱、传播爱。胖东来要做的，不是卖商品，而是传播幸福生活的理念和文化。

由此可见，于东来这个人，不像是商人，而像是思想家、哲学家、诗人和"爱的传道者"。

从那时起，于东来开始有意识地"传道"。当他意识到自己这一新身份的时候，回想起来，发现自己早就在做这件事了，但如此清晰地认识到自己的使命，如此系统化地阐释自己的理念，如此强烈地想要把自己对生命与幸福真谛的领悟传递给大家，这是第一次。

他开始深入研习哲学，考察英国、澳大利亚、北欧等他认为幸福程度比较高的地方，看人们都是怎么生活和工作的。他把感悟写成文字，让全公司的人看，也一遍一遍地在公司各种会议上讲，并且不断参加各种行业聚会，组织培训班，给大家讲他对人生、事业、爱情等的理解。

此后，胖东来基本上没有再扩张，在这个以"做大做强"为目标的时代，于东来想方设法控制胖东来的规模和增长速度。因为比起规模和利润，他更在乎的是：每一位员工是不是真正热爱这份工作，在工作中是否感受到快乐；每一位顾客是不是都能够因为胖东来的服务而感受到幸福。

为了"传道"，于东来把公司所有的内部管理手册、操作规程、培训资料、文化理念等文档，放到了公司的官网上。有员工手册、人事流程、财务管理等制度化文件，还有在别的公司都是秘而不宣的操作标准流程，如怎么理货、怎么加工猪肉、怎么做好迎宾或保洁等，甚至还包括指导员工如何幸福生活、怎样处理家庭关系、怎样装修等文件……等于是在手把手地教创业者或者想要学习胖东来的企业家怎么做好企业。

一拨又一拨的人来到胖东来学习考察。于东来毫不藏私，把公司所有做得好的地方，一一展现给大家。

于是，胖东来的理念和做法传播到很多公司、很多地方。这些公司学到了其中一些后发现，胖东来又远远地走在前面，它做的事情，甚至超越了人们能够想象到的正常商业逻辑的极限：

> 胖东来把所有的商品采购价都公开。每一份商品，都明明白白地写上：进货价多少，费用多少，利润率多少。
>
> 胖东来公开了所有供应商的名录和联系电话，如果你看好某样商品，想直接和供应商对接，那你就直接对接。
>
> 胖东来要求员工每天只工作6小时，下班后不允许接工作电话，如果接了就要受处罚，严重的甚至开除。

胖东来给旗下的药店划定了利润率红线，不允许多赚钱，有的店长就因为所管理的店利润率超过红线，被于东来开除了。

疫情期间，在很多公司、商贩趁机对某些紧缺物资涨价牟利的时候，胖东来的做法是：所有胖东来的店，蔬菜全部按照成本价销售。

……

这些听起来完全像是一个神话，但它却实实在在地发生了。它让世人看到，一家企业如果善良起来，能善良到什么地步。而且，这种善良，能拥有多么大的力量。

善的力量

今天，胖东来赢得了顾客和员工的广泛尊重与认可。它已成为许昌的城市品牌，被写入河南省政府工作报告，成功将流量商超与城市经济融合。市民的幸福感因胖东来而提升，员工享受到了高于同行业的薪酬待遇和幸福指数。

胖东来的火爆程度通过数据可见一斑：2024 年元旦假期，其 7 家门店接待游客近百万；春节长假，其综合商超的客流量甚至超过了当地 4A 级景区；而在"五一"假期，单日接待人数再创新高。胖东来通过流量商超带动城市发展，显著促进了 GDP 的增长。

胖东来的成功秘诀在于贯彻"为人民服务"的经营理念，从细节入手，提供优质的购物体验和优惠的商品价格，其水果摊位便是例证：价格低于市场价，且严格保证新鲜度；顾客还可以选择不同种类的水果，享受免费切盘服务；通过标签处理、数据明示等方式，帮助顾客做出最佳消费决策。

在尊重员工方面，胖东来同样表现出色。自2012年起，就实施了"每周二闭店休息"的政策，让员工得到充分的休息；此外，胖东来还为受到委屈的员工设立"委屈奖"；其用工成本也高于同行业平均水平的30%。

在商业层面，胖东来凭借13家门店实现了年营业额超百亿元，利润率超过多家上市企业，荣登中国连锁百强榜。面对电商冲击和顾客消费习惯的变迁，胖东来积极帮扶同行业企业，如江西嘉百乐和湖南步步高。胖东来的帮扶行动为其赢得了"中国零售业救星"的美誉。

今天，移动互联网孕育了商业的剧变，平台化、O2O（即"线上到线下"的商业模式，是指将线下的商务机会与互联网结合，让互联网成为线下交易的平台）、全渠道、大数据、云计算、物联网……概念承载的是时代，时代承载的却是人性！社会发展与转型，对钱和利益的追求没错，股权制、合伙制等激励可用，但创造尊重与爱的机制、激发人性正能量则更可贵，这种能量远超方式本身，也更容易形成商业生态的逻辑！

胖东来的商超生意经

第一节　品类大而全，勿以利小而不为

"最好的营销是真诚"，这句业界很多人耳熟能详的话是胖东来的品牌哲学。胖东来始终秉持真诚态度，是老百姓口中的良心企业、实在企业。

胖东来内部还流行着这样一句话——"营销的基础是商品"。胖东来始终以商品品质为基础，通过商品品质化、"爆品"价值化为顾客提供高价值、高性价比的商品，确保每一件商品都能满足甚至超越顾客的期望。更厉害的是，胖东来在品质化基础上，还建立了一个多元化品类矩阵。

多元化品类矩阵

胖东来不仅深谙市场趋势，还积极借鉴国际一流零售经验，这在选品策略与商品组合优化方面表现得尤为突出。

胖东来细致研究了国内一二线城市中高端商场、国际性大型零售场所以及会员店的运营智慧，并以此为基础，精心制定了严谨的选品标准，确保每件商品均经过层层筛选，不仅品质卓越，且符合当下消费潮流。同时，还创新性地设定了科学的品类配比标准，以均衡各类商品的比例，构建了一个既全面又具吸引力的商品结构。

在此框架下，胖东来成功创造了一个多元化的品类矩阵，这个矩阵融合了高品质与多样化，满足了顾客品质向上化、生活向上化的需求。多元化品类矩阵不仅覆盖了顾客日常所需的各个领域，如精选食品、高档茶叶、名优酒水、健康饮料、智能家居电器、生活日用品，还包括了金饰银饰等高端消费品，可以说覆盖了顾客日常刚需和品质享受的各种需求。

另外，这个多元化品类矩阵是根据市场和消费需求动态调整的，比如胖东来会引入全球的热门及新兴商品，保持商品线的新鲜度与竞争力，确保顾客总能在店内找到符合国际流行趋势的商品。通过这些举措，胖东来不仅满足了顾客日益增长的多元化、个性化需求，还让这个多元化品类矩阵在业界保持先进地位。

现在，胖东来的多元化品类矩阵依旧在不断迭代，品类覆盖大而全，已经称得上是一个成熟的品类模型。

于东来在一次内部分享时说："品类管理就是优化商品，把每个单品都能做到更好的优中选优，价值体现到一个最好的状态，而不是最贵。顾客来买东西，每个品类当中，想买哪个档次的东西都有。"

商品高质严选

于东来曾表示：我们很多超市讲服务，其实最重要的服务是商品，商品做得好了就没有后顾之忧，没有售后的商品是最好的服务。要为社会带来品质，带来美好。

于东来是这样说的，长期以来胖东来也是这样做的，这在商品开发上体现得淋漓尽致。

从供应链到商品严选到质量严苛，处处体现胖东来对商品品质的高追求。比如，胖东来与宝丰酒业 2022 年推出的联名定制酒"自由爱 1995"，定位中低端商品，卡位 70 元左右，月销 10 万 + 箱，这款商品实际具有与市售 200 ～ 300 元礼盒级别相当的内在品质，只是通过简化包装设计实现了价格的大幅压缩，从而达到了极高性价比。顾客仅需花费 70 元，就能享受到相当于市面上 200 ～ 300 元品质的酒饮体验，自然乐意为这样的极致性价比买单。

2023 年，胖东来与千岛湖啤酒合作推出精酿小麦啤酒，该商品遭遇了空前的抢购热潮，多次售罄，以至于不得不采取限购、暂停来应对供不应求的局面。这款高品质的精酿啤酒，市场定价本应不低于 6 元，但胖东来将价格控制在 4 元以下，利润控制在 10% 左右，如此高性价比的商品受到顾客的追捧并不奇怪。

胖东来一直追求"零投诉、零差评"的目标，商品高质严选，反映了它对顾客满意度的极致追求。这还需要对供应链有严格的管理，确保商品从源头到终端的每个环节都达到高标准，同时也对服务商有高标准的要求，确保整个服务流程的顺畅与优质。

爆品追求价值

胖东来让业界羡慕的，是其能在多元化品类矩阵的基础上，通过创新研发打造时尚火爆热品，创造高价值商品；开发的商品一经上线，迅速热销售罄，火爆程度令人瞠目结舌。

胖东来的"爆品"以合理的定价、美味的口感与超高品质俘获众多顾客。胖东来倡导价值竞争，即通过提供高品质、高价值的商品，实现与价格的最佳匹配，从而吸引并留住对生活品质有要求的顾客。

于东来曾说："做产品要有工匠精神，我们应该从低价走向价值，价格是合理的，不能过低，过低会影响整个社会的健康循环！产品要像工匠精神一样往健康的方向走，而不是为了获利，一定要记得我们卖的是价值，不是低价，卖的是造福社会！"

于东来的理念在胖东来的实践中得到了体现，其每一件"爆品"定价都是在合理范围内，品质和颜值也很高。比如，红丝绒蛋糕作为胖东来的一款标志性商品，和熔岩巧克力蛋糕一上架即告罄，顾客以"购物车"为单位大量购买，甚至有外地顾客乘高铁前来品尝；胖东来自研的"大月饼"引发抢购潮，人们甚至不惜彻夜排队抢购，在转为线上销售后，瞬时订单破万，促使胖东来将该月饼由季节性商品变更为常规商品。

仔细观察就会发现，胖东来火爆的茶叶、珠宝、金饰、银饰、蛋糕等"爆品"涉及的品类，都关乎民生；胖东来推出的每种新品都兼具价格合理、口感美味、颜值在线、品质超高等特点，一经上市就遭到顾客的追捧和哄抢。

良好的实践效果

胖东来的多元化品类矩阵使得门店能兼顾各个层面的顾客需求。

在定位中高端的卖场中，胖东来依然保持着接地气的业态配比，使得到店的顾客不会因定位较高而放弃买单。这种业态和品类配比逻辑在许昌禹州金三角店表现得尤为突出。

在金三角店一楼，胖东来布局了土特产专卖、餐饮、烘焙、医药、家居、小家电等多种业态，基本覆盖顾客日常所需，针对不同品类设置有相应的经营模式，可谓更具实用性和性价比。例如，在餐饮业态中，胖东来以旗下多家门店为"筹码"，引入联营商，在为其提供多场景品牌展示及销售点的同时，也为胖东来留出了议价空间；对于准入机制较高的医药品类，胖东来则成立了许昌市胖东来医药有限公司，从而强势介入医药经营，并与超市卖场紧密结合；在烘焙品类中，胖东来设立了自有品牌德丽可思，以独立品牌运作，意味着德丽可思未来具有脱离胖东来卖场而进行连锁化门店拓展的空间。

一般来说，双层设置的综合性大卖场会将超市业态布局在一楼，把百货、小家电等品类放在二楼。胖东来反过来布局，应该是为了利用超市内高频品类引流，并在顾客的必经之路旁设置百货等动销率相对较低的品类，从而在满足顾客目的性购买的同时，一定程度上带动关联购买。进入超市板块会发现，大而全的品类布局、丰富的SKU（库存量单位）数，是胖东来吸引周边顾客到店的核心竞争力。据知情人士透露，金三角店共有10000个SKU，其中百货与生鲜是其主力品类。

从商品丰富度看，胖东来扩充了单一品类中的细分单品数，从而拉宽价格带、扩大客群覆盖面。例如，在牛肉品类中，金三角店设置有对标年轻客群的快手菜食材，顾客回家后只需下锅简单加工即可食用；有满足西餐需求的牛排单品，单价从十几元到百元不等；还有满足中式烹饪需求的牛里脊、牛腩、牛腱子肉等多个单品。

胖东来满足了顾客一站式购物的需求，成为当地顾客的购物首选地。

商品才是超市的核心竞争力

外界解读胖东来时，被提及最多的是服务。但认真分析后我们会发现，水果切片也好，免费冰块也好，宠物寄存也好，这些服务体验只是加分项，成就胖东来的核心是商品。于东来对此的解读则更为清晰，"商品是最好的服务。"

毕竟来超市的人，最主要的目的是购物。逛过胖东来门店的人，大概都对货架上摆放的大量一线品牌商品、进口商品以及特色鲜明的自营商品印象深刻。涌到胖东来打卡的人，离开时大多都会拎走一袋网红商品。

可以说，好货＋利润合理，是胖东来成功最为关键的因素。

要做到这一点并不容易，但胖东来靠自有品牌向顾客展现了好货＋利润合理的魅力。胖东来的自有品牌分为两类。

一类是大众商品升级。目前主要是升级商品，高出现有商超大众商品一个等级，当然价格不低，甚至有人惊叹："好贵啊！"贵是贵点，但品质更好，性价比很高。胖东来还是中国最早进行供应链变革的践行者，很多年前就找厂家自采，商品渠道流通费用较低，因此虽然贵，但性价比不错。

一类是打掉行业不正常溢价的商品。比如白酒、茶叶等，市场价格虚高，胖东来做高性价比，赢得了顾客的喝彩。目前，胖东来代购的商品，主要是这些品类。即使代购后再加价，仍然有一定竞争力，可见胖东来价格控制力之强。

让其他企业羡慕的是，胖东来在自有品牌上已经"玩"出了大单品，比如网红月饼、精酿啤酒、白酒、茶叶等。这些大单品的规模已经非常大了，还出现了"黄牛"代购，通过代购走向全国，迫使胖东来出台限购政策。

胖东来早就在做"自采"，也在做 OEM（定点生产，俗称代工）。社会早期对胖东来的传播主要集中在高薪、企业文化、优质服务，自有品牌大单品出来后，才聚集在供应链，才有了目前这么高的全国知名度。

这与品牌商做大商品的逻辑相似，先是单品突破，形成影响力，然后才是丰富商品和商品结构，进而形成了胖东来独有的多元化品类矩阵。

榜样的力量

胖东来走出许昌，打破了多个天花板，也打开了商业的上升通道。只要有上升通道，大家何必"内卷"呢？

一是，打破了产品升级的天花板。胖东来在大众商品上的做法，令更多的商超、品牌商受到启发，在产品升级上更有信心和决心。

二是，打破了自有品牌的天花板。过去自有品牌总不敢做高价，不敢做大单品。胖东来成功了，就有了示范效应，相信会带动更多的自有品牌。

三是，推动了一些品类的变化。比如精酿啤酒，过去一直是小众商品。相信经过胖东来的普及，至少会成为分众商品。比如白酒和茶叶，过去性价比之路一直走不通，只有走小众高溢价和大众廉价两条路，胖东来把它们做成了高性价比商品，相信将以另类方式影响这两个行业。

胖东来组织架构上有个品类管理委员会，于东来对这个委员会的要求是："对每个品类都要有清晰的规划。如果做社区店，我们的理念就是要服务社区的需求，产品的定位范围要确定好，这样顾客买东西才更方便。要把这种观念延伸到每一个分类。如果是高端店，那太低端的商品就不要卖了，会影响顾客的消费感受。总之一句话，就是要照顾到各个层面的顾客的购买能力，利润高的品类要经营，利润低的民生品类以及一些小众品类也要有，因为顾客需要。"

　　　　　胖东来爆火的朴素逻辑

第二节 品种好而精，正确引导消费观念

业界流传着这样一句话：一般企业满足顾客需求，优秀企业引领顾客需求。胖东来就是这样的优秀企业。

为什么胖东来能做到引领顾客需求？为什么胖东来能做到正确引导顾客的消费观念？答案是其自有品牌形成的差异化，专业打造的商品力，以及真心为顾客着想的商品优选能力。

把商品力转化为竞争力

商品力是什么？零售企业应该用怎样的理念去做商品？在商品丰富供大于求的今天，企业更应该不断发问：我们的门店里摆的商品，到底能为顾客带来什么价值？

深究其理，我们会发现商品力其实就是企业的价值载体，是认知力，是良知力，也是体系能力、企业间能力的差异，从根本上是对用户理解的差异。就像于东来说的："我们的眼里没有对手，只有顾客。"

每一家企业对每一个商品都应有无数追问，这个商品到底是服务谁的？在什么场景下使用？顾客在意的是什么？我们提供的价值与顾客的预期匹不

匹配？顾客会因为什么不买？我们选择坚守什么价值？顾客会不会推荐？会推荐是因为什么？不推荐是因为什么？

这就要求企业对消费有深刻的洞察，在理念认定上要清晰笃定。

于东来曾说过这样一句话："好商品才能使顾客满意，顾客满意度里，商品占80%，其他占20%。"

这样的观点在胖东来帮扶步步高、永辉时得以体现，这两家企业按胖东来的要求，商品调整都在80%以上，结果是业绩的大幅度提升。很多顾客是冲着胖东来的商品而去的，以至于行业中流传这样一种说法：胖东来帮扶是为了对外输出自有品牌，实现另类扩张。

胖东来是如何做到这一点的呢？答案是发掘目标客群的核心需求，并以最经济的方式满足这种需求。

对于不少零售企业来说，适应顾客的方式有很多，比如借鉴优秀企业的品项引进流程，做细单品管理的每一个动作，弄清楚每个单品的价值……这样的方式往往可以事半功倍，比如向胖东来、山姆学习。

不管是适应还是引领，理解顾客是基础，只有建立在这个基础上商品力才会转化为企业的竞争力。

真正的自有品牌

国内有些商超有个通病，那就是"千店同品"。造成这一困局的原因在于，延续了几十年的供应商模式。这种以供应商为主体的商品组织供应方式，很难支持商超企业打造差异化商品体系。

想要走出困局，必须彻底打破传统的采购模式。其中打造自有品牌，形成差异化商品优势是很多企业正在走而且有不少企业已经走通了的路径。目前看，自有品牌在中国走过了两个发展阶段。

第一个阶段，重点以借助自有品牌提升企业的毛利水平为目标。目前，企业确实需要借助自有品牌在打造商品的差异化方面发挥更大的价值。越来越多的商超企业开始积极尝试自有品牌的发展模式，比如盒马，比如胖东来。但从总的发展现状看，做得比较艰难。

第二个阶段，做好自有品牌，对商超企业是一个比较大的挑战。企业需要具备两大能力：一是做商品的能力；二是做品牌的能力。

多数企业在做自有品牌的过程中比较艰难，原因是做品牌的能力不足。"自有"商品有了，但是成不了"品牌"，缺乏市场认知，顾客接受度差，导致门店动销一般，没有发挥出自有品牌应该发挥出的价值与作用，反而可能成了企业的"负担"。

自有品牌，重点不在"自有"上，在"品牌"上。"自有"成不了"品牌"，就不能发挥出应有的市场价值。

在这方面，胖东来的模式值得参照学习。这背后的逻辑是如何借助当前的新传播手段及方式，对自有品牌产生有力的传播推广，使其产生更好的市场影响，增强顾客的认知，再借助门店的货架等一些动销资源，把自有品牌做火、做爆，使其成为超级"爆品"、超级大单品。

观察胖东来的模式，其自有品牌之所以成为超级网红、超级"爆品"，背后有三大超级 IP 的支撑：超级大 IP 于东来、超级大品牌胖东来，再加上商品自身的网红属性。有这样一套非常强有力的传播体系背书，岂能不火、不爆？

商品之外的力量

胖东来不但为顾客提供有价值的商品，还承担起了教育、引领的作用。在不断为顾客提供附加值的同时，胖东的自有品牌以及自采体系，还大大降低了商品的成本。

正因为有了自采体系，胖东来的商品不仅能保证质量还能保证价格优势。更重要的是这保证了企业的盈利能力，数据显示，胖东来的平均毛利率约为30%，这在业内属于较高水平。

为什么胖东来能做到这样高的毛利率呢？得益于品牌效应和规模效应。供货商得知是胖东来的采购团队来了，老板一定是用最大的热情给最大的优惠力度，因为进了胖东来就意味着巨大的采购量和终端销售量。

为了让规模效应更明显，早在2001年，胖东来就联合几家大企业共同组建了联合采购组织机构——四方联采，通过这种方式获得更优惠的进货价格。

除此之外，胖东来还积极开发自有品牌，产品遍布洗护、家居、生鲜、烘焙、酒饮和调料等品类，自有品牌的成本肯定会更低。这也意味着，在胖东来低价并不意味着低毛利，更不意味着不赚钱。

自采和自营，使胖东来的利润率足以支撑员工的高薪酬，并且让他们愿意付出和报酬相对等的高品质服务。

也是因为这样，胖东来才有底气把进货价和利润率都标注在商品上，让网友感慨：胖东来没双建。因为胖东来掌握着核心的供应链，别人夺不走。

胖东来商品之外的力量，总结起来大致有以下两点：

第一，供应链。之前的说法叫自采，自己的卖场自己做主，不把卖场交给品牌商。卖场导购不准做售卖，只能做体验。自采占比越高，盈利能力越强。

第二，场景化。把卖场打造得温馨些、时尚些，让整个卖场看起来很舒服，把场景体验做到极致，自然放大了商品力。

引领消费潮流

胖东来爆火的原因其实也简单：在三四线的市场，做出堪比一线的商品体验，进而引领消费潮流。

在商品的选取上，胖东来较传统商超有两大不同：一是品类高度细分，以猪肉为例，传统卖场的猪肉约有 10 个细分单品，农贸市场不超过 100 个，而胖东来有 300 多个；二是增加"引领性商品"，这类商品占比约两成，通常是小众、高档、超出主流顾客预算水平的商品，比如售价 269 元的洗脸巾和 699 元的浴巾。

"引领性商品"通常是亏钱的，胖东来坚持进货的理由，是让员工和顾客能了解"世界顶级商品"和"高品质生活"，通俗地说，就是用商品引导消费升级。

另外，胖东来是面向大众消费的商超，它的商品当然不能脱离大众，不能走向小众、高端甚至奢侈。那么，胖东来洞察了哪些大众需求呢？

顾客购物，当然不会只冲着优质服务去，毕竟胖东来是商超，卖的是商品，服务只是购物过程中的一种辅助和延伸。

胖东来的自有品牌形成了大单品，面向大众形成了很大的销量，价格虽不是很低，但品质更高。最关键的是，胖东来把自有品牌做成了升级产品，并且随着帮扶走向全国，受到普遍欢迎。

胖东来提供了目前主流品牌无法提供的大众升级需求，胖东来的独立供应链，包括中央厨房，其品质是明显高于目前商超的主流产品的。胖东来的供应链随着帮扶步步高、永辉等受到追捧，不得不承认这种需求的强劲程度。

当我们都在讲消费降级的时候，胖东来 29.9 元的网红大月饼供不应求，胖东来的啤酒、果汁、食用油、白酒、烘焙、麦片等，全部是"爆品"，有些商品甚至买不到，这又是为什么？

一个重要的原因是，在同质化商品竞争的时代，大家往往把竞争的重点放在价格上，而没有放在产品的创新上，最终的结局就是企业微利经营，甚至是痛苦经营，正确的做法是让自己的产品更有价值，像胖东来的自有商品那样，才是竞争的核心。

一句话，胖东来引领了消费升级，并且得到了众多区域顾客的认同。其实，老百姓对美好生活的追求是永不停止的，关键看企业怎样去发现并满足。

商品学校

在胖东来卖场，你会发现很多商品有着各种花式介绍，比如产地、口味、甜度、酸度等。这些介绍被胖东来员工转化成关于商品出身的小故事，生动活泼地展示和陈述给顾客。各类商品的信息牌，像是卖场里的说书人，向顾客讲述着包括商品产地、储存温度、食用的最佳时间以及检测人与验收人，特别是可追溯的各个环节在内的信息。去过胖东来的人都会为这家企业商品信息牌内容的丰富与细致所折服，让人觉得这不是超市，而是一所商品知识的培训学校，在告诉顾客商品之美以及商品之上的美好生活。

在胖东来的很多门店，可以看到这样一句口号：要做商品的博物馆和卢浮宫。这句口号已经提出了 10 多年，这些年来胖东来的商品和与之配套的各项服务在不断地迭代升级，越做越出色。可以说，商品本身的底蕴以及售卖商品的智慧，在胖东来卖场得到了最好的诠释。

零售业需要用心，与其说售卖高客单的好商品可以让业绩越来越好，倒不如先让自己有一颗真正为顾客服务的心。什么才是真正为顾客服务的心呢？那就是在充分了解顾客消费需求的基础上，为顾客做优选，把商品做得好而精，节省顾客的购物时间和精力，用真诚和努力付出让顾客接受，这才是商业永恒不变的根本。

有一次给学员指导其企业时，于东来"强行把不好的产品下架"。因为商品物有所值，才能赢得顾客信任。

在另一个学员的企业，他毫不客气地指出问题所在："要慢慢淘汰那些毛利比较高、质量不稳定的商品。哪怕一年失去 500 万元的利润，也要有这个决心。高毛利的商品会让企业更快走向灭亡。"

胖东来能给行业借鉴的商品智慧或许正是这一点：敢于淘汰毛利高但质量不稳定的商品。这样才能赢得顾客信任。

第三节 库存高速周转

胖东来的任何一家门店，都是摩肩接踵，甚至可以说是水泄不通。

这意味着什么？意味着高销售额，意味着巨大的销售规模，意味着商品的周转率非常高。在零售业，周转率直接关系到赚钱效率。同样的采购价、同样的商品，因为不同的周转率，在同样的时间段，赚钱的效率天差地别。这就是薄利多销的本质。

为什么胖东来能做到薄利多销呢？

高周转的秘密

商品才是零售企业的核心竞争力，服务只是锦上添花。

优质的服务好比盾牌上的金边，顾客买盾牌最看重的是盾牌的坚固程度，好看的金边只是加分项。胖东来深谙其道，对于商品始终坚持"优中选优"的选品原则，通过对供货商品的严格筛选，为顾客提供了与价格相匹配的高质量商品，成功地在顾客心中塑造了品质卓越的认知标签。

保证品质，胖东来主要做了以下两方面。

首先，制定并执行严格的选品标准。即便是非标准化生产的蔬果类生鲜商品，也会有明确且可执行的要求。在胖东来的内部资料上我们可以看到这方面的相关规定，比如 A 级泰国金枕榴梿要求榴梿的出肉率不低于 35%、肉瓣为 4 房以上、糖度值约为 25.5。更到位的是，胖东来还拥有独立的食品安全检测中心，检测覆盖肉类、熟食、水产、水果、蔬菜等多种品类。严格的把关制度使胖东来的商品在顾客心中有着极高的信誉，经常出现为一个榴梿排队 1 个小时的盛况，甚至衍生了大量的代购。

其次，对已上架的商品保持监测。一旦出现质量问题或负面消息，胖东来会立即采取应对措施，确保顾客能购买到高品质、无瑕疵的商品。这样的例子有很多，比如 2021 年元气森林因在乳茶产品的包装上没有说清楚 "0 糖" 和 "0 蔗糖" 的区别，引起争议。事发后，胖东来将元气森林的所有产品全线下架，直到元气森林更正包装后才重新上架。类似的事件还有很多，这种严格的监管机制表明了公司对品质的坚守，为顾客提供了可靠的保障。

在管理上，胖东来还采用军事化的打分制，满分 100 分，工作中的每个环节都制定有标准化的表格，员工在服务的过程中应按标准执行，每一项出现问题都要扣分。

在胖东来的商品管理文件中，主要有以下体现：商品包装内附带物品不齐全或者未送给顾客，扣 2 分；活动商品有缺货，扣 10 分；加工类商品出现杂质，扣 50 分。顾客投诉中的扣分更严格，顾客在试吃、试戴、试穿过多商品时，出现言语、动作不耐烦，直接降级学习，重新考核转正，一年累计两次则直接解除劳动合同；如果主管未按照《胖东来客诉处理标准》处理，造成顾客二次投诉，当事主管扣 100 分。

胖东来不仅狠抓商品品质，更善于组建 "爆品" 矩阵。红丝绒蛋糕、网红大月饼、啤酒、韩式炸鸡、辣条烤肠等一系列网红商品一经上市，就被抢购一空。

凭借着对商品的严格筛选与把控，胖东来与顾客建立了坚实的信任基础。这种信任不仅来自商品的质量，更来自胖东来始终坚守的商业道德和对顾客利益的高度重视。

也正是有了这种信任，使得胖东来的商品周转率一直位列业界前茅。

最好的服务是商品

只有为顾客提供优质且性价比高的商品，企业才能行稳致远。这个道理企业都明白，但做到并且做好并不是一件容易的事。

为确保价格优势，源头直采的模式被行业里的优秀企业普遍采用。这种采购方式的好处在于，采购价格可控且议价能力强，还可以保证货品的质量，这是胖东来能做到质优价廉的核心。而这背后则体现了胖东来的一个硬实力——供应链。

为了降低供应链成本，2001 年由胖东来商贸集团、信阳西亚和美、南阳万德隆、洛阳大张四家企业牵头，多家企业共同组建了联合采购的"自愿连锁"组织机构"四方联采"，用量大换取更优惠的采购价格。

从 1999 年建立配送中心起，胖东来就开始提升整合调配、运输等环节的效率，方便直采货物的中转和向各个门店配货。2022 年 10 月，胖东来产业物流园正式投入运营，集物流中心、中央厨房、产品研发、综合办公、零售产业末端产品的加工与分销等于一体，解决了整个自有品牌的产能效率问题。

品质和效率解决后，怎么高效地卖出去就成了重点。

销售的达成需要一个场域，企业只有一步步把顾客带入消费场景中，才能最终达成销售。胖东来采用以卖货为导向的商品货架设计，以 45° 的角度设置价格标签，以方便顾客观看，进而达到缩短顾客购买决策时间的效果。这些举措在胖东来帮扶同行企业时体现得淋漓尽致，永辉超市的修改方案中就取消强制动线，拓宽卖场通道，确保卖场动线流畅，为顾客提供方便舒适的购物环境；在商品品质方面，步步高按胖东来的做法，把优质商品的价格打下来、替换掉低劣商品，同时引入不少胖东来的特色商品。

当然，服务的加持也很关键。胖东来一直在不断优化自身服务质量，包括但不限于向顾客道歉，水果、熟食等食物不好吃退款，商品 24 小时内无忧退货等售后服务。这种让顾客无后顾之忧的服务措施，对商品周转率的提升至关重要。

坦白说，一步步拆解胖东来的运营逻辑后，我们可能会发现其并没有什么突破性的创举。胖东来的管理也没有太多技巧，只是真诚对待顾客而已。正如于东来说的那样："最好的营销是真诚，最好的服务是商品。"

建立在商品基础上的顾客体验

胖东来的优秀是建立在夯实基本功的基础上的，有了这样的基础才能获得更多的顾客认同。

胖东来每位员工的理货表现和运营标准表现力，可以说都是多年专业技术反复沉淀后的结果。

很多人去胖东来，最大的感受就是其快速的商品变化能力，特别是卖场端架与季节区商品的快速反应速度，7 天之内端架就要进行调整、每天每周的日清周清计划、生鲜品类 2 次 3 个时段折扣处理，仅仅这几项简单的工作，就是 90% 的零售企业根本不愿意直面的事情。不是企业人员配备不到位，就是没有严格按照专业技术来执行。

还有很多事看起来简单，做起来并不容易。比如胖东来的试吃、试饮、试用等，很多企业也在学，甚至认为这项工作两三个月就可以完全搞定，然而时间过去了很久，它们的试吃工作还是做得马马虎虎。

胖东来成功的背后有着很多原因：货真价实的商品，对每一件上架商品都严格筛选，保证顾客购买到高质量的商品；价格透明，各项成本、各项利润非常透明，顾客不会认为自己被"收割"；一目了然的整齐陈列，便于顾客快速找到想要的商品，更重要的是感受到的美好的情绪价值；对复检不合格的商品，第一时间全部下架，并对已售出的部分进行召回，顾客凭借消费记录可办理退款；胖东来的品牌，可以帮助顾客降低决策成本，看中了某件商品，闭眼入，有任何问题，胖东来兜底……

总结说来，就是胖东来为顾客创造的价值超越了顾客的预期。其他超市能做到的，胖东来能做到；其他超市做不到的，胖东来仍然能做到。

顾客感知价值

胖东来有个让业界羡慕不已的绝技，那就是通过商品的展示来满足顾客的感知价值。

比如，为了让顾客能够清晰地了解商品的产地信息、最佳吃法、口感，胖东来在商品的各色标签和展示牌上进行了专业的介绍，包括吃法、口感等；比如，为了防止顾客买错蔬菜，胖东来把每种蔬菜的名称、产地等信息都在展示牌上标注得清清楚楚；比如，对于农药残留这类顾客非常关注的健康安全信息，胖东来会把相应的农药检测结果公示出来。

这些做法看似增加了商品的成本，实际上是真正站在顾客的角度为解决顾客的关注点和顾虑点而做出的非常具有高感知价值的行为，充分满足了顾客在视觉、嗅觉和味觉等方面的需求。这是一个商场应该做好的非常重要的体验功能——顾客感知价值。

顾客感知价值可以起到唤起顾客购物欲望的作用。具体做法一般是通过商品的场景化设计，勾起顾客的痛点回忆，并且告诉顾客我的解决方案很适合你。

有了这样的认知，我们就会明白胖东来的这些做法：在超市醒目的位置放置"礼品包装场景"，唤起"送礼"需求，并提供搭配解决方案；通过各种方式介绍商品的使用技巧，激发顾客想象使用时的场景；蔬菜最大的问题是新鲜，新鲜就会让人有想买的冲动……

这些场景化的设计布局，是为了让顾客在购物的过程中实现故事化的思考，让购物过程唤起顾客的连带需求，让所购商品能够真正满足顾客的整体需求和期望，进而激发顾客的感知价值。

很多零售商都是按照商品属性进行分区，这样方便顾客快速查找。但从未思考过，如何激发并满足顾客的感知价值，胖东来先人一步做了这样的思考和探索，值得本土企业效仿和学习。

链式反应

满足顾客感知价值仅仅靠场景化设计是不够的，更多依赖于人。

胖东来深刻认识到一个简单的道理，满足顾客感知价值这件事要靠员工去完成，要通过员工优质的服务去体现。

顾客为什么喜欢胖东来？因为胖东来重视顾客，更重视员工。顾客感知价值做得好的企业，不仅仅是因为员工能够享受到好的待遇，更重要的是企业的文化氛围好、管理者对于人性把握得好，因为仅靠工资福利是无法长久留住员工的，员工能够在一家企业持续努力地工作，一定是利益和成长方面都有所获的。

满足顾客感知价值一定要围绕"员工"做文章，只有训练企业中的每位员工都具备体验认知和感知能力，成为企业传递价值的超级员工，企业才能更精准地抓住顾客的决策心智，实现长期主义的新增长。

胖东来在这方面做得非常优秀，它让人震撼的不只是服务，还有服务背后的"三观正"。

这个"三观正"的底层究竟是一种商业逻辑，还是人生格局？深究起来我们会发现，这其实是一种对待顾客的态度，表现在商品和服务的品质上、好的顾客体验的传递上，还有一个重点，就是店内各个角落和区域的漂亮的文案上。这些漂亮文案并不是虚伪的言辞，而是真正以"一切为了顾客"为出发点的、能够感动顾客的、真心实意的言语。

很显然，企业员工的满意度和忠诚度决定了服务的价值，而服务的价值决定了顾客的感知价值和满意度，进而直接影响顾客的忠诚度，这个链式反应最终体现在商品的高周转率上，并决定企业利润。

第四节　适可而止的保本毛利

价格，并不是一个简单的数字。

定价不仅决定利润，更反映利益诉求。于东来曾多次表示，所有利润的制定、价格的制定都是围绕着公平、合理的原则，将保证民生作为经营理念的第一位。特别是在民生必需的商品上，胖东来一向不吝惜让利空间。

财散人聚，财聚人散。

当社会在呼吁共同富裕时，胖东来已经践行了 20 多年。

利润管制

"不一定任何东西都要求利润高，合理就行。像百货、服装，毛利高得很。因此，未来回归理性最好，20 ~ 30 个点的毛利率，就行了。企业总体净利润 3 ~ 4 个点就够了。"

很难想象，作为企业老板的于东来竟然会对利润进行管控。

胖东来的业务板块涉及百货、超市、医药、服饰等不少类别。尽管这些板块都有自己的经营逻辑，但胖东来对它们都要进行"利润管制"，即使是"暴利"的医药板块也不例外。

于东来说，胖东来不是专业做药店的，因为不专业，我们就抱着真诚的态度去做，我们经营药店的一天，起码要能为城市带来美好，为顾客带来美好，前提一定是合理的利润，利润不能太高。

为了确保胖东来药店的药价不致太高，获取合理的利润，于东来甚至规定，药店一年的利润只能是300万元，超出是不允许的。也就是说，甭管销售额多少，为了确保利润在红线以内，药店就必须控制好毛利率。他甚至因为药店利润太高开除了负责人。

在胖东来的内部文件上，有很多控制利润的规定。比如，对超市的利润胖东来要求核算好成本、费用、损耗等数据，不拿低毛利的商品去打价格战。高客单的、贵的商品，加价率低一点，低成本的、便宜的商品，加价率高一点。不能所有商品都是一样的加价率。如果是去做推广的商品，加价率可以放得更低一点。

比如，要求部分蔬菜类的商品，质量好的，价格可以贵一点，但是要合理，因为蔬菜是民生刚需商品。

网络上一张有关胖东来的截图，引来了无数网友的围观和惊呼。这张图体现出的胖东来的卖酒方式惊呆了众人。一般企业卖酒大多是说酒多好，价格多便宜多实惠，胖东来却标出了费用利润明细表。

胖东来和宝丰酒业联合出品的"自由爱1995"，胖东来标出了详细的费用明细和利润，这款"自由爱1995"进货价60.2元，售价70元，毛利率低至14%，净利率低至4.81%，费用明细列得明明白白，相当于1瓶酒纯赚3.37元。

明细表出炉后，网友惊呆、怀疑及夸赞的声音不绝于耳。为了让普通老百姓喝到高性价比的纯粮白酒，胖东来努力把净利率控制在了5%以内。

人性的弱点

网上之前还流传过一张图片，除去各种成本，胖东来一件羽绒服只赚 3 毛钱，很多网友都露出了疑问的表情。

但仔细分析后会发现，商品高周转带来的资金流动速率，也就是所谓的资金流也是能否赚钱的一个关键。举个例子，一瓶可乐，假设所有进价运输等成本是 1.6 元，卖多少钱合适呢？有人说 2 元，有人说 2.5 元，有人说 3 元，等等。但如果有人说，卖 1.7 元依然很赚钱，你信吗？看起来像是不赚钱，如果我的销售速度是你的百倍呢？当然就赚钱了。

高品质、高工资、合理的价格，为什么胖东来还能赚钱？因为资金的高流转率。很多顾客去胖东来买东西都是买一大堆，胖东来的商品销售速度特别快。

为什么其他同行做不到高流转率呢？因为胖东来用多年的时间做到了两个字——信任。信任比黄金还贵重，是无数企业管理者天天放在嘴边的，但是很多企业都在搞形式主义，它们会为了不算很高的利润背叛所谓的信任，为了蝇头小利和眼前所得丢失了资金的高流转率。

另外，任何服务、任何让利，最后都要回到一个根本问题：谁出钱？

在多数企业成本结构一样的情况下，你的任何优点，别人都可以快速复制。大家互相"卷"成本，"卷"服务，一直"卷"到利润刚好撑住为止，最后很多行业都同质化了。胖东来能搞出这么多反向操作的商业模式，根本原因就是和别人的成本结构不一样，它的成本里，管理者要提取的利润，占比非常少。

对员工好—员工好好干—品质逐渐提高—顾客越来越满意—企业收益增多—有钱了对员工更好，这个良性循环是非常困难的。

当员工的工资和福利普遍高于同行业的时候，员工的幸福感必然是很高的，做事也会更加用心认真。但做到这点并不容易，这就是人性，也是大多数企业管理者无法克服的弱点。

胖东来的解决方案

雷军评价胖东来为"中国零售业神一般的存在"。

透过现象看本质，胖东来的辉煌离不开其对"以人为本"的深度挖掘。

对员工的爱和尊重是刻在胖东来骨子里的特质。胖东来的文化核心是"自由·爱"，加班是可耻的、超市营业员是可以坐着上班的、受了委屈有"委屈奖"、收入远超当地平均水平……

在这种先进文化理念的引领下，胖东来分配机制和运营系统中的每一条标准对人性都是敬畏与尊重的，也因此使得员工的执行力、效率非常高，创造力也很强。企业和员工的目标同频、价值同频、信念同频，企业自然能实现可持续发展，赚钱也就成了自然而然的事了。

在许多企业追求短期效益的今天，胖东来的做法真正让我们看到良心企业的成功之道。

企业经营上遇到的问题，归根结底是人的问题，而人的问题本质上是心的问题。胖东来的成功，源于董事长于东来在自己的"心"上下功夫，带领手下近万人在"心"上下功夫。

胖东来将企业作为修炼灵魂的道场，将美好生活的理念传递给员工，进而通过"真品换真心"传递给顾客，营造出爱、真、诚的独特场域。正如于东来所说，企业的价值是推动社会进步的，推动人类走向美好的。

"真心—真知—真干"，胖东来的真诚体现在"知行合一"上。搞表面功夫是开展企业文化建设的大忌，一家企业想导入真正有竞争力的企业文化，就得在提出口号和理念的同时，考虑配套的制度实施体系。崇尚"自由·爱"的胖东来并非只靠人性化的管理，而是有着标准化的管理制度和实施体系，企业体制践行了企业文化，胖东来真正做到了言行一致、知行合一。

一切关系的本质是真诚，胖东来悟透了这个道理。以利他之心，成利己之事，用真心换真心，胖东来走的是一条大道至简的路。这条路才是胖东来的商品周转率、资金流动速率远高于同行的真正原因。

文化是一个社会及每一个人自省的方式，对企业来说，在不同的周期、不同的历史阶段、不同的环境中，企业文化的迭代都尤为重要，胖东来也为此一直在努力。

利润不是企业经营的目的

管理大师德鲁克说，企业的目的是创造顾客。利润只是结果，属于创造并满足顾客的副产品。当顾客的需要被满足时，利润随之而来。

经济学上有个理性人的假设，意思是人人都有追求利润的本能。有人便将这种假设直接套用在了企业经营上，到处宣扬经营就是追求利润。但事实上，将经营作为追求利润的手段，对企业来说，有百害而无一利。

为什么这样说呢？因为如果企业将利润作为经营的目的，就会导致顾客不是企业服务的对象，而成为企业提高利润的手段，这样顾客就成了被榨取的对象。如果一个企业这么做，最后导致的结果是失去顾客。

如果企业将利润作为经营的目的，员工也会成为企业榨取的对象，企业会想方设法降低员工的工资和福利以降低成本，结果是企业无法得到员工的信赖和真心回报。

企业经营以利润为中心，还将导致企业忽略社会责任，比如污染环境、坑蒙拐骗等诸多乱象发生。

但反过来做，企业就会走进另一重天地。企业认真对待顾客、体谅顾客、力争为顾客提供最好的服务，利润自然会上升；企业真心对待员工、信任员工、帮助员工成长，经营就能顺利进行，企业就能得到更好的发展。

企业应该抑制过度的利润百分点制，更多地讨论如何提高顾客满意度，如何增强员工的信任感、提高他们的积极性、加强对他们的培养。

稻盛和夫说，企业通过合理的价格赚取合理的利润。而胖东来的经营理念也是"赚取合理的利润"。不管做什么生意，都要以信誉为重，而不是利润。因为一旦失去信誉，就意味着失去辛苦经营多年的口碑。

因此，企业决不能抱有侥幸心理，贪图一时的利益，损害顾客利益，否则无论付出多大努力，都会功亏一篑，很长时间难以恢复甚至将一蹶不振。

学胖东来什么

首先，于东来的一句话需要根植在我们心中：发自内心的喜欢高于一切。

把一件事做好的前提是你喜欢这件事。喜欢高于一切，你本身都讨厌这件事就不可能把这件事做好。在做一件事的时候，问一下自己，我做的这件事到底喜不喜欢？不喜欢为什么还要做？到底是什么驱动着自己去做？

正确面对自己就是对自己坦诚，你喜欢一件事就大胆地去做，哪怕再累再苦内心也不会觉得痛苦。所以在学习胖东来之前，先喜欢你所做的这件事。如果不喜欢，接下来所有的学习只会让自己更加痛苦。

其次，于东来说：最好的服务是商品。

胖来来被这么多人喜欢，很多人对其人性化的服务津津乐道，其实这只是表象，本质原因还是商品。

顾客要的是什么？要的是商品，如果商品有问题，哪怕把商品送到顾客家里，顾客也不会多看一眼。

现在很多人做企业做不好，到这里学到那里学，学的往往只是表面的东西，忽略了本质。要知道，商品才是核心竞争力，商品的价值占80%，其他占20%。

胖东来为什么不开向全国？于东来说：优秀的商业不只是规模，还传承幸福和品质。

胖东来独特的经营理念造就了胖东来的今天，而学习胖东来，也不是简单地模仿、照搬胖东来的经营理念。模仿、学习胖东来的企业有无数家，但成功的没几家。

学习胖东来，重要的是学习胖东来如何构建自己独特的经营理念。

胖东来的经营理念，建构在胖东来创始人于东来独特的价值观和人生经历的基础上，可以学习、参考，但很难模仿、照搬。

所以，企业经营者应该回归经营的本质，重新审视通过自身经验得出的经营理念，建构属于自己的经营思想的基石。

第三章

DI SAN ZHANG

胖东来的定制生意经

第一节　胖东来的烟酒茶生意

和大多数超市把烟酒茶放在经营区内售卖不同的是，胖东来的大多数门店，烟一般会和高档酒在超市经营区的外围专卖店一起销售，茶叶也是，有专门的茶叶专卖店。

胖东来的烟酒茶专卖店往往人挤人，水泄不通。

为什么？这背后又隐藏着什么样的经营秘密？

把茶叶"标准化"

为什么高档烟酒和茶叶在胖东来实行专卖制？为什么胖东来卖茅台要盖上"胖东来专卖"的印章呢？这背后的逻辑其实很简单，就两个字"信任"，胖东来用"胖东来品牌"解决了顾客的信任危机。

比胖东来便宜的，顾客拿不准品质；能拿准品质的，又没胖东来便宜。比如茶叶，200元1斤的茶叶和1000元1斤的茶叶，大多数顾客是很难区别开来的；比如高仿真的茅台和真茅台，即使可以品尝，恐怕很多顾客也分不出真假，这个时候胖东来品牌的价值就凸显出来了。

一直诚信经营的胖东来，早已不知不觉地在顾客心里种下了"胖东来＝

好品质"的品牌认知，正如众多顾客说的那样："在胖东来买茶，不用担心买到假茶或者劣质茶。"

那么，为了破除顾客对茶叶市场质量和价格的重重顾虑，胖东来是怎样做的呢？胖东来的对策是定制和合理利润。

茶毛利很高。这也是顾客觉得买茶叶"水很深"的原因。胖东来的解决办法是：完全自采。胖东来销售的茶叶，都是找品牌茶企定制的，并且印有自有品牌"嘉木东来"和品牌茶企的logo，给顾客以质量、渠道双保险。

此外，胖东来还通过公开进货价、打造供应链等方式，形成一套独有的定价体系，让价格透明化。

同时，胖东来一直在积极开发自营品牌"嘉木东来"，建立自己的自营品牌体系。自营品牌"嘉木东来"在保障商品安全可追溯的同时，依托胖东来完备的供应链体系，得以进一步压缩成本。

通过毛利率低的自营商品，胖东来得以持续吸引顾客，在实现薄利多销的同时，带动对其他毛利率正常的商品的购买力。

用商超模式运营茶叶店的胖东来，在强大的运营模式、供应链、管理方式的加持下，让"没有定价标准"的茶叶第一次接近"标准化"，进而让其茶叶更具性价比。

售卖信任

茶叶是一个信任成本很高的商品。

通过拆解"胖东来卖茶"，我们可以得到一个启示：信任可以做成流量，渠道本身可以做成品牌。从供应链、商品品质，到售后服务、品牌IP，不难发现，

"胖东来卖茶"的核心就是售卖信任。

胖东来生意好的本质是来自顾客对胖东来品牌的信任，顾客会认为在胖东来买茶叶至少不会被坑、不会买到假茶，胖东来不会以次充好。

在品牌背书的基础上，胖东来也没有漫天要价，只赚取合理利润。如"爆品"茉莉飘雪，不同等级明码标价，126 元 / 斤、460 元 / 斤、560 元 / 斤、1050 元 / 斤、2050 元 / 斤等，顾客可以依据个人需求选择合适的茶叶。

在售卖的过程中，胖东来扮演了一个信用评级机构的角色，让顾客不再"怕被坑"，激发了顾客对茶叶的真实需求，进而产生复购，形成正循环。

胖东来茶叶店为什么人山人海？这就是答案。

从供应链、品质严选，到售后服务、品牌 IP，不难发现，胖东来商业模式的核心，实际上是售卖信任。这种经营模式的关键要素是在高信任度的卖场品牌基础上，对旗下定制商品和历经严格筛选的供应商与入驻品牌，进行统一经营，胖东来对旗下商品与售后负更大责任。

毫无疑问，胖东来品牌接住了顾客对它的信任。

信息过滤器

我们不妨想象一下这样的场景，在熙熙攘攘的商业街，突然一个熟悉的品牌标志跃入眼帘，或许是你钟爱的咖啡连锁店的徽标，或许是你常穿的某运动品牌的 logo。如果当时你正好有这方面的购买需求，那你几乎无需思考就会选择它，因为你对这个品牌有信任，你知道它能带给你想要的品质和体验。

胖东来就是这样的品牌，"胖东来"这三个字扮演了帮助企业传递信任与忠诚的纽带角色。

当一家企业能够持续提供高质量的商品和服务时，品牌便开始积累信誉，逐渐在顾客心中扎根。这种信誉会转化为品牌忠诚度，顾客在面对选择时，自然而然地倾向于那些他们熟知和信任的品牌。胖东来可以说深谙其道，"不坑人""货真价实""只赚取合理的利润""诚信"，经过多年的品牌积淀，胖东来的这些品牌个性已经深入人心，使得顾客在选择购物场所时，首先就想到它。

当一个品牌在某一领域取得了成功时，其良好的声誉和广泛的社会认可度，可以为企业跨入新市场或新领域提供强有力的支持，大大降低了市场接受度的风险。比如，胖东来从超市领域到茶叶专卖店，比如打上"DL"商标的各种自有品牌，都得到了顾客的热烈响应，这背后正是胖东来强大品牌效应加持的结果。

对于顾客来说，优秀的品牌更像一个信息过滤器，可以帮助他们简化决策过程，减少选择焦虑。胖东来作为品质的代名词，给予了顾客信心和安全感。曾有顾客这样评价胖东来："这里的商品你闭着眼拿就是了，没有质量差的。"

品牌与顾客之间的情感连接是无形而强大的。优秀的品牌故事、顾客认可的公关活动，都能够触动人心，激发共鸣。胖东来可以说是这方面的高手，有关胖东来的各类故事和传说，不仅让胖东来在许昌、新乡家喻户晓，甚至使全国人民都对其津津乐道，充满好感。这种情感层面的交流，不仅能带来即时的愉悦和满足感，更能在顾客的记忆中留下深刻的烙印。

品牌传递的某种精神价值，会让顾客对品牌产生深厚的情感依恋，这种情感纽带往往比单纯的商品功能更为持久和有力。

胖东来的自有品牌

胖东来的品牌价值在自有品牌上表现得尤为突出。

自有品牌是胖东来经营的一大特色，也是经营法宝之一。通过运作自有品牌，胖东来确保了商品品质，同时确保了企业经营的灵活性、与市场的契合度以及盈利空间。

比如，胖东来有很多自有品牌的"礼品"商品，胖东来在开发礼品自有品牌时一般是先选商品，再选包装，最后定价。商品一定是有特色或口感好，定价保证合理的利润。比如，胖东来的网红商品"大月饼"一开始开发时，就是为了满足顾客中秋节的需求。时至今日，中秋时节会给"大月饼"配上各种礼盒。这样，既丰富了商品，又给顾客提供了多样化的选择，也为企业贡献了应有的利润。

自有品牌的开发，可以起到锁定客源、增加利润的作用。那么，企业应该怎么做自有品牌呢？

有一点要特别值得注意，如果是使用自己企业的名称去大批量地进行常规商品开发，就要先弄清楚自家企业是不是有很强的知名度，在市场上是不是具备一定的规模与销量。如果这两条不符合，去做自有品牌效果一定不会好的。

同时，要和知名企业或商品强强联合。比如，胖东来和中华老字号宝丰酒业联合推出的白酒"自由爱1995"；比如，胖东来和千岛湖啤酒联合推出的精酿啤酒。

今天，不少零售企业都有自己的自有品牌，还有不少零售企业正在积极开发自有品牌。对于零售企业来说，什么时候推出自有品牌效果会更好呢？

其实，自有品牌是基于企业零售品牌基础之上的，两者相互影响，这就简单地回答了何时做自有品牌这个问题，那就是，最起码企业品牌可以支撑自有品牌，顾客认你的零售牌子，然后才可能接受你的自有品牌。当我们的零售企业还没有成为品牌，被所服务的顾客圈层深度接受和认知时，自有品牌只是形式，过早推出可能会适得其反。

自有品牌的建设是一个系统工程，需要耗费很多精力、财力、物力，且需要持续打造。胖东来的自有品牌之所以能不断取得成功，是因为其有企业的良性发展做支撑，包括企业的财务状况、企业文化、人才团队、制度流程等。

具备了这些条件，自有品牌建设便会水到渠成。

为什么要做自有品牌

零售企业为什么要做自有品牌呢？

最早的说法是，做自有品牌有优势，可以增加毛利空间。提升毛利，提升利润，提升竞争力是做自有品牌的动机。再到后来，不少企业开始关注一个前提：自有品牌的商品品质。于是，在注重利润的基础上增加了一些前置条件，比如对标同品类一线品牌品质，或者达到同品类平均、中位品质等。还有很多企业把自有品牌作为差异化的竞争力，给顾客提供不同的选择方案。

要做自有品牌，原因不分对错，但很可能会决定结果。

降低成本，提升毛利，不应该是我们做自有品牌的原因，而是我们做自有品牌可能带来的结果之一，也可能是相反的结果。换句简单明了的话，做自有品牌可能不赚钱甚至赔钱。

要做好自有品牌，就要了解自有品牌在国内零售企业发展的路径。我们可以简单地把自有品牌分成两种类型：代工、自造。

大部分零售企业发展自有品牌，是从标品开始尝试的，以可控可衡量的代工方式进行试水，不断优化，目前大多数国内零售企业处于这个阶段。但发展到一定程度后，有足够实力的零售企业，开始了自有品牌的"深度自造"，有了自身研发、供应链建设等必要的配套的支撑，比如胖东来的茶叶、酒品、家家悦的食用油等。

那又如何保证自有品牌能做成功呢？胖东来烟酒茶定制经营模式，给我们提供了三点借鉴，那就是要深度理解顾客、深度理解商品、深刻理解人性。这三点不仅适用于自有品牌，同样适用于零售企业未来一段时间的发展。

先意识到并做到这些的企业，一定会在新的竞争阶段领跑一个身位。

第二节　胖东来的金银珠宝饰品生意

和茶叶专卖店一样，胖东来黄金珠宝专卖店的顾客也经常排起长队。

胖东来的优秀再次让业界反思：在生意不好做的当下，为什么顾客对高客单的茶叶、黄金、珠宝产生了强烈的购买需求呢？

研究分析胖东来茶叶店和黄金珠宝店，我们会发现这样一个趋势正在到来：那就是优秀品牌能带动大销量。不仅能带动普通商品的销量，也能带动高信任成本商品的销量，比如茶叶与黄金、珠宝。

信任的力量

2024年2月14日，胖东来结束了为期5天的春节假期，开门营业的第一天，门外排起长队的顾客便蜂拥而入，直奔黄金柜台。一位在现场的网友拍了一段视频发在了社交媒体上，视频中黄金柜台前人挤人，黄金短时间内被抢购一空。许多网友感叹："听说过卖食品不过夜，没想到卖黄金也能如此。"

胖东来的黄金珠宝销售为什么如此火爆呢？这个问题的答案也非常简单：信任。

多年来，胖东来一直诚信经营，这个品牌已经赢得了顾客的广泛信任。

在这里购买黄金珠宝，不用担心质量问题，也无须担心价格虚高，因为胖东来的金价直接与国际金价挂钩。在胖东来购买黄金珠宝，不用担心被欺诈，这里没有套路更不会收取额外费用。在别的地方，购买黄金可能要支付高额的加工费，但胖东来会为顾客免费加工黄金。

多年来，胖东来一直坚持"店大不欺客、货真价实"的经营理念，赢得了广大顾客的信赖和支持。在这里，你不用担心买到假货，也不用担心被宰。这种诚信经营的态度，让胖东来在顾客心中拥有良好的口碑，成了金光闪闪的招牌。

一个优秀品牌的打造绝不是一日之功。对顾客好一定是发自内心的，不是简单地因为涨工资了员工才对顾客好，也不是做几次培训员工就能百巧百能，品牌打造是需要时间积累的。于东来几乎每一两个月就会给企业高管做一次关于思想文化层面的培训，无时无刻不在告诉他们：做生意要想着怎样对别人好，怎样用自己的真诚让顾客感受到自由、快乐和美好……

有这样一个领路人，企业不可能没有正气，这样的经营理念经过时间的累积，潜移默化地融入员工心里，并在行动上体现出来，而这些行动像春风化雨，一次一次地把胖东来这个优秀品牌的内涵传递给顾客。

合理的利润

有一段时间，胖东来金价每克比市面便宜100多元，且不收加工费。胖东来为什么能在金价上涨的大潮中仍能维持相对低价？

这背后体现了胖东来强大的供应链优势与成本控制能力。比如，胖东来可以直接与黄金生产商或大型批发商合作，减少中间环节，有效降低成本。比如，胖东来高效的库存管理和采购策略，使其能在金价波动中抓住有利时机批量采购，这是支撑其金价优惠的关键。

同时，胖东来一直坚持薄利多销的经营理念，倾向于通过提供优质商品和服务来吸引并留住顾客，而非单纯追求高利润率。更为关键的是，胖东来的顾客规模大，客量稳定，大规模的销售可以摊薄固定成本，提高运营效率。此外，黄金饰品的销售、展示、售后服务等环节可能与胖东来其他部门资源共享，进一步降低了单位成本。

和大多数金店只卖黄金珠宝不同，胖东来是多品类多业态经营的，黄金珠宝只是其销售品类中的一部分，这就使得胖东来有了辗转腾挪的空间。在胖东来，黄金可以作为引流商品，以低于市场的价格销售，去带动店内其他商品的销售，实现整体盈利。这种"牺牲"部分黄金利润的做法，实质上也是构建长期顾客关系、提升品牌忠诚度的策略。

实际上，胖东来凭借其多年积淀下的"诚信经营、顾客至上"的良好口碑，已经有了大量忠实顾客。这时黄金价格的显著优惠，无疑会成为其吸引客流、制造话题的利器。低价策略不仅能够迅速引起顾客的关注和购买意愿，还能借助社交媒体的传播发酵，形成自发的品牌推广，节省了高昂的广告费用，这在总体上让胖东来的"合理利润"形成了正循环。

这也是多品类多业态协调作战的优势。

品牌的力量

胖东来黄金柜台的商品短时间内被抢购一空，再次引发了人们对实体店的关注。卖金银首饰的店铺那么多，许昌甚至全国各地的顾客为什么选择在胖东来购买呢？

深究品牌背后的逻辑，我们会发现它其实是企业的一种商业信仰和战略选择。胖东来在业界以践行企业社会责任著称，提供无加工费的黄金首饰，公开商品成本与毛利率等举措，体现了其对公平交易和顾客权益的尊重。维持金价优惠，不趁高涨时过度加价，有助于塑造公正、亲民的企业形象，这是一种商业信仰，是有利于品牌形象建设和提升顾客黏性的商业信仰。

分析胖东来品牌建设的历程，我们可以得到这样一个认知：品牌不是一种技能，更不是一种伎俩。很多企业跟风要学的，大多是强调功能性和实用性的技巧甚至是伎俩。其实，抱着发财的心思去做企业，是做不出品牌的，起码是做不出优秀品牌的。眼里盯着生意和伎俩的企业，复制不了胖东来，胖东来的"术"里没有什么秘密。

胖东来是怎么做品牌的呢？胖东来是先有商业信仰，在这个基础上逐渐建立起顾客的信任。"信任"才是真正的流量，"真诚"才是真正的运营。做品牌，顺序很重要，要先诚心诚意地找到信仰，后面的事便会水到渠成。

近几年，胖东来的销售一直火爆。如果这是短期的、单一品类的话，也许与节假日或者单一品类的优势有关。但问题是胖东来一直占据着社会热点，就如网友说的那样："胖东来快把热搜包年了。"胖东来这个品牌已将创始人的经营理念、生活理念、人生信仰与企业的文化、企业的价值进行了深度融合，让胖东来所销售的商品中包含了最珍贵的信任、真诚和爱。

这是目前企业打造品牌过程中最缺乏的，却是最有价值的。

胖东来模式

胖东来已经将品牌本身做成了渠道，将信任做成了流量。因此，卖什么都会有销量。可以这么说：茶叶和珠宝只是试金石，是企业是否真正具备品牌价值的试金石。

这其实是一个非常有代表意义的品牌现象，它意味着企业开始在实践中拿到"品牌的结果"。纵观胖东来这个品牌从创始到现在的过程，其实就是真诚对待每一位顾客，尊重每一位顾客。它将企业与顾客的关系，用最朴素的情感完成了连接，这样坚持下来，胖东来这个品牌如同亲人般的情感就融入了顾客心中。

胖东来的茶叶、珠宝卖爆，只是销售业这个庞大的市场"品牌红利"打响的第一枪。相信未来，会有更多的企业、企业家重视对品牌价值的塑造，真诚地爱每一位顾客。

近几年，胖东来模式被业界推崇。其实，胖东来模式并不高深，就是"实在人开的实在店"。胖东来的做法让人感觉很亲切、很实在，就像邻居家开的小店一样。这种模式让胖东来既赢得了顾客的心，又让员工有归属感，同时还保持了企业的竞争力。

那胖东来模式的核心是什么？

首先，胖东来多业态多元化经营是其亮点，覆盖多个细分市场，满足顾客全方位的生活需求。同时，这样的经营方式有了更多的弹性和变通。

其次，胖东来注重供应链管理。通过与供应商建立紧密的合作关系，压缩中间环节，保证质量的同时保证利润，并构建起自己的物流体系，提高物流效率，降低物流成本。

最后，是对品牌影响力的塑造。胖东来通过优质的服务和良好的口碑树立了强大的品牌形象，同时还积极承担社会责任，参与公益活动，回馈社会，最终又融于品牌。

胖东来模式就是一个以人为本、诚信经营、注重服务、不断创新，通过整合各种资源，把顾客、员工、商品、创新、社会责任等各个方面都做到极致的商业模式。胖东来的成功经验告诉我们，做生意要实在，要讲诚信，要关心员工，要服务好顾客，这样才能做得长久、做得成功。

胖东来模式的成功证明了企业可以超越传统的利润最大化追求，实现企业与顾客、员工的共赢，为社会创造更大的价值。胖东来走出的这条路，是一条值得各行各业学习借鉴的路。

第三节　胖东来的大众服饰生意

和大多数零售企业有一个鲜明的业态不同的是，胖东来是典型的多业态战略布局。

从超市到百货，从药店、专卖店到购物中心，从电器城到大众服饰，从生鲜超市到餐饮小吃，从电影院到书店……

胖东来密集的商业网点和多元业态，几乎垄断了当地的日常零售。老百姓的吃穿用度和娱乐需求，一应俱全、一概满足，覆盖了高、中、低全部的细分市场。

更值得称道的是，每一个业态、每一个细分市场，胖东来都经营得风生水起，比如针对普通百姓的大众服饰。

控制毛利率

针对普通百姓的生意该怎么做？

胖东来大众服饰店的经营逻辑很值得业界深思。

胖东来的做法简单有力——那就是在保证质量的前提下把价格压到最低。由于服饰不像瓶装水、饮料那样，顾客对价格有个大概的了解，于是胖东来便把服饰的进货价、零售价都标示出来，让顾客把钱花得明明白白。

比如，一件产自湖北的夹克，售价121元，标注出含2%以内的采购费用，进货价96.9元。这样有整有零的价签，和诸多服饰零售品牌动辄99、188、198、199、299的价格标签是不是很不一样？

为什么这样做呢？因为大众服饰购买者大多是平民百姓，他们在消费时会更关注价格，把进货价清清楚楚地标出，顾客在购买时，这款商品进价多少、加了多少钱、自己买着是否划算，心中便会一清二楚。

胖东来自营的大众服饰，毛利率几乎都控制在20%左右。一般说来，大多商场服饰的毛利率为40%左右，有些名气大的商场扣点甚至达到了二十七八个，即使商品毛利率达到40%，商户们几乎赚不到钱，这也是服饰商品毛利率高的原因所在。

胖东来对自营区服饰进行毛利调整和进货价格公开，就是为了让服饰的价格更实在，同时胖东来还给自己立了新规矩：商场扣点不能超过销售额的10个点，联营商户品牌毛利控制在20个点以内。

胖东来此番调整，无疑掀开了大多数商场追逐高毛利的遮羞布。在公开的说明中，胖东来公开了自营商品的毛利率：最高初始毛利率为20%，未来不允许超过25%，必须做到无暴利。

其实，在商场调整大众服饰价签之前，胖东来就在其自有商品上尝试过亮出成本，比如2020年推出面向老百姓的怼酒时，胖东来就说明："目前单瓶出厂成本28元，整箱售价200元，单瓶合33.3元，价格大家放心。"

近几年，胖东来一直在探索自有品牌呈现性价比的办法。尤其是现在整个超市行业，扩展自有品牌和加大自采成为大趋势，可以从工厂端直接到销售，把层层加价的传统经销渠道缩短，从而把价格打下来，提升商品性价比。

可以说，胖东来在大众服饰上的探索既符合了发展趋势，也体现了其理念和价值观。

展示"性价比"

展示进价的措施会不会从部分服饰鞋帽进一步扩大到其他类别商品，目前还没有确切的消息。但从其一系列的措施来看，胖东来希望将"性价比"三个字一追到底，因为商业的本质是回归性价比。

毕竟，公平合理的利润才更有利于顾客的利益和行业的发展，高毛利损失的是顾客的利益，最终失去的必然是顾客的信任，进而失去市场。

于东来在谈及调整价签这一措施时说："公平和真诚，静心地、实实在在地做商品。"并提到商品的标准是品质、时尚、功能全、价实，让商业向越来越健康、透明和美好的方向上进步。

对顾客来说，大众服饰商品价签展示进价就是商品价格透明的体现，很好地避免了商场成为电商的试衣间和比价平台。毫无疑问，比价是有成本的，搜集价格信息会浪费不少时间。换句话说，即使大多数顾客对"货比三家"有需求，但肯定也会有不少顾客不愿投入精力和时间成本。展示进价，就让顾客的购物成本得到了降低。

怎样向顾客展示性价比，是这些年来商业人士一直在思索的问题，也是商业领域自有品牌和自采商品加大的原因所在。这么做就是为了提高性价比，给顾客提供满意的商品。

胖东来这种展示进价、控制毛利率的办法，就是展现性价比的一种绝佳方式。顾客来这里购物，不用耗费精力去讨价还价；胖东来是顾客信任的购物场所，在胖东来不用担心被宰，也没有互联网中常见的杀熟大数据，价格是透明的，顾客可以放心地选择自己钟意的商品；在胖东来也没有满减、优惠券等花哨的营销手段，呈现给顾客的只有简单明了的价签，顾客不用费尽心思去算抵扣后的价格，因为胖东来只赚取合理的利润。

这样做的效果怎样？胖东来商场里摩肩接踵的顾客就是最好的回答。

于东来在一次公开会议上说："把商品做好就是根本，不要把其他内容放到主角，做经营的商品就是主角，慢慢往公平合理的方向上走，无论怎样都要保证顾客的消费安全，不能损失消费者的利益，坦坦荡荡，合理地释放自己的美好，给他人带来快乐，带来生活的满足，也能有合理回报，这就是良性循环。"

买手制

问题是，怎样才能把大众服饰这类商品做好呢？

胖东来的答案是买手制。

买手制的模式最早出现在欧洲的一些百货公司。与国内卖场向品牌商收取租金并享受销售分成的模式相比，买手制百货公司出售的服饰系列商品会依据买手对于客群的深度分析，保持较为统一的商业标准。

中国时装业的买手制最早出现在 2010 年前后，彼时也只是在北京、上海等一线城市出现了零散的小型时装买手店，那个时期的时装买手店无论在规模、商业模式还是产业链条等方面都很简单。大概在 2015 年前后，买手店的数量和单店规模才开始迅速发展。

买手店的体制实际上是从顾客一端倒推到整个行业的一种模式。买手最了解顾客，这就让卖场的服饰不只是从厂家进货后挂上货架那么简单。买手通过自己对顾客和市场行情的了解，知道卖场应该进什么牌子、什么款式的服饰，从而有效地提升销售额。

大多数服饰商场，往往都存在一个弊端：那就是品牌重复率高、承租能力差，这样就迫使传统卖场在积极引入买手店品牌的同时，也要建立自己的品牌。比如百联、北京 SKP（北京华联集团等投资兴建的百货公司，全球最具标志性的时尚奢侈品百货之一）、八佰伴、港汇等买手制精品百货转型后业绩飘红。胖东来也在做这样的尝试。

买手制是百货和购物中心转型的大趋势。当下个性化消费逐渐成为主流，百货行业靠传统的收房租招商模式已无法应对，加之实体经济这几年遇到了发展瓶颈，以及电商高效和低价的冲击，只有依靠与众不同的个性特点，传统百货特别是服饰类商场才能吸引顾客光顾。

转型买手制，最大的难题就是如何在挖掘顾客需求的基础上保证价格优势，因为这本身就是矛盾的。幸运的是我们看到了胖东来在这方面的努力和探索。

尽管胖东来的大众服饰采购体制还算不上典型的买手制，但买手制最基本的要素，即从消费需求入手、优化供应链条等，胖东来都已开始试水和运作。胖东来大众服饰敢于亮出低价是其供应链建设在做支撑，而胖东来服饰之所以受到顾客的喜爱，则是其在对消费需求了解和分析的基础上，把各种信息反馈给生产厂家甚至指导厂家设计生产的必然结果。

怎么做顾客满意度

很多逛服饰商场的人可能都遇到过这样的尴尬：满面笑容的导购热情地为你介绍各种款式的服装，导购过分的热情有时让你走也不是买也不是。

过犹不及，很多时候过度热情并不是顾客需要的。胖东来在这方面的处理恰到好处。举个例子，以前胖东来大众服饰店的导购在店内是要迎客的，所谓迎客，就是顾客一来，要马上迎上去热情接待，询问需求，推荐商品。这几乎是所有商场的标准动作，但经过一段时间的实践，胖东来员工发现，这样可能会对顾客产生压迫感，让顾客反感，进而逃离。比如有些女士挑衣服，不喜欢旁人评头论足，她们希望自己慢慢挑、慢慢试。

针对这一情况，胖东来提出不要迎客，让顾客自己挑，导购要站在不显眼的地方，顾客有需要时再过去帮助顾客。实践证明这样的服务是顾客最喜欢的，也是最满意的。

胖东来所有服务的改进，都是遵循着让顾客满意的原则一点一点完成的，而不是某个人刻意设计出来的。我们今天看到的所有胖东来总结出来的服务标准，大多经过这样的演化过程，而且十分有效。

在胖东来大众服饰店里，最彰显服务的不是导购，而是其一系列的免费措施，比如免费熨烫、免费干洗、免费给裤子扦边等，这样的服务恰恰是摸准了大众需求。

服务是让顾客满意的关键一环，而顾客满意又是一个非常复杂且很难评判的指标，怎样才能保证每个人都能做到最好？都能够让顾客满意？仅仅靠所谓的流程、制度是不行的，更关键的是每位员工心里都装着顾客，装着顾客满意度，只有这样员工才会自觉自发地提出各种改进意见，才会让所有工作，所有流程，所有制度逐渐地趋于合理，这个改进的过程、进化的过程是胖东来让顾客满意的原因所在。

顾客满意就是根据不同业态、不同顾客，拿出让顾客觉得最适合的方案。胖东来大众服饰的服务，以及建立在服务之上的顾客满意度值得同行借鉴。

胖东来红火这么多年，最核心的就是抓住了顾客满意度这个灵魂。胖东来所有的管理、所有的激励、所有的模式，都是在顾客满意度的牵引下一点一点形成的，然后再一点点进化，让不同需求的顾客都能满意。

品牌忠诚度

对于企业来说，顾客对品牌的忠诚度是一个关键指标。

营销理论中，一般把品牌忠诚度定义为顾客在购买决策中多次表现出来的对某个品牌有偏向性的行为反应，也是顾客对某种品牌的心理决策和评估过程。

忠诚度是品牌的核心资产，如果没有顾客对品牌的忠诚，品牌就变成了一个没有价值的商标或用于区别的标志。一些营销大师甚至认为，销售并不是最终目标，它只是与顾客建立持久有益的品牌关系的开始，也就是说销售的目的是建立品牌忠诚，可见品牌忠诚度的重要性。

毫无疑问，胖东来已经建立起了极高的品牌忠诚度，它提供了超越顾客期望的服务，彻底征服了顾客的心，积累了难以撼动的品牌忠诚度。比如，胖东来大众服饰店的客流量竟然比很多超市的客流量还要大，这就是品牌忠诚度的威力，这种威力让顾客对胖东来的品牌表现出了狂热般的推崇。

回顾胖东来的发展历程我们会发现，于东来一直像对待自己的生命一样精心呵护这个品牌，并将此作为自己的底线，不容任何人、任何部门亵渎，"最起码我能让社会信任这个品牌，哪个部门解决不了这个问题了，我可以告知顾客的确因为企业的管理能力有限，这个部门不能很好地保证健康运营，公司决定把这个部门关掉，这也是保证公司的品牌。即使公司就剩一个部门，但是它的品牌质量是不会衰竭的，品牌是值得信任的，品牌犹如生命。"

第四节　胖东来的餐饮生意

胖东来火了。

一次次登顶热搜，引发全网热议。

而鲜有人知道的是，胖东来也涉足了餐饮，且早已成为隐秘的"餐饮大佬"。

大众点评里，胖东来餐饮频频"霸榜"，甚至自营的美食城在许昌小吃快餐榜里的排名也是第一。和胖东来超市一样，胖东来餐饮也长成了人见人爱的模样。

要做就做最好

胖东来做餐饮的思路和做零售如出一辙，那就是"要么不做，要做就做最好"。

覆盖了小吃、烘焙、烤肉、湘菜等多种形态的胖东来餐饮，虽然是"业余选手"，但胖东来做餐饮的态度并不是"顺手赚钱，业余玩票"，而是跟做零售一样，凭借着高水准的商品赢得顾客。胖东来旗下的各类型餐饮店，在当地均获得了超高的人气和流量。

爆改后的"DL麻辣香锅"，客单价40多元，日均能卖600份，周末还要多出30%，这还只是一个档口的数据；开在天使城的"DL麻辣烫"，每天至少放200多个号，饭点等位是常态。

除了独立运营的餐饮门店，胖东来超市里丰富的自营商品更淋漓尽致地体现了胖东来在餐饮领域的能力和智慧。从炸物到卤味，从面点到寿司，从凉拌菜到沙拉，胖东来超市里的餐饮品种丰富且色香味俱佳，引得全国各地很多美食达人专程到胖东来打卡体验，网上还流传着到胖东来购物的必买清单。

为什么胖东来的餐饮如此火爆？除了口味外，吃得安全，让顾客放心很关键。

在胖东来，大部分熟食都是现制的。炸鸡、烤鸭都是现炸现烤，凉皮现场蒸制，不但好吃有"锅气"，而且制作过程全透明，顾客吃着也放心。

胖东来对食材的要求也极为严格。比如，油炸食品使用的食用油，累计使用时间不超过12个小时，过时就即时换新，且每天有专人定时监测食用油的安全指标；比如，烘焙类商品全部使用新西兰进口的奶油，以保证商品的品质。

在售卖方式上，试吃是胖东来的一大特色。熟食区的所有商品均可免费试吃，且毫不吝啬试吃的分量。比如酱牛肉，试吃的量足够一些小店做两碗兰州拉面了，以至于不少网友戏称胖东来为"免费自助餐厅"。

虽然胖东来不是专业做餐饮的，却深谙做好餐饮的关键，那就是好吃、安全。

强大的商品研发能力

和超市一样，胖东来的餐饮几乎不做促销，全靠商品说话。"真材实料＋现场制作"，让它极具竞争力。为了保证食材新鲜，所有熟食晚上8点后开始打折出售，当日必须出清，哪怕报损也绝不卖隔夜食品；商品种类繁多，光是"馍"这一个品类就有六七种商品，比如蔬菜小米面馍、螺旋藻小米面馍、山楂小米面馍等，都是市面上比较少见的。

胖东来的餐饮做得有多好？

去胖东来周边观察下就会发现，胖东来商圈附近很少看到熟食卤味或者烘焙、主食类的门店，哪怕是头部的餐饮品牌也会尽量避免在胖东来周边开店。

胖东来的商品不仅品类丰富，创新力也极强。比如，被誉为逛胖东来必买的网红大月饼，其内馅集合了"芋泥麻薯、蛋黄肉松"等食材，有6寸比萨那般大小，价格却只有29.8元/个，物美价廉、口感新奇、颜值高，俘获了无数食客的胃和心。

对于餐饮业来说，好的商品很重要，好的服务同样重要。有些品牌缺乏用户思维，无法与顾客共情，在服务上，既没有标准，更没有考核。那么，什么是好的服务呢？答案其实很简单，就是真心为顾客着想，想方设法满足顾客的需求。

例如，胖东来的自制麻辣香锅很有名，有顾客在网上求秘方，你猜胖东来是怎么处理这件事的？它把秘方公布出来，满足了顾客自制麻辣香锅的需求。这就是胖东来，这就是胖东来的服务。

在服务价值长期不被认可、服务人员社会地位长期不受尊重的大环境下，胖东来的"服务文化"换来了什么呢？

一个超级能赚钱的团队，胖东来的人效和坪效在零售行业常年排名第一；一个干什么都能成功的团队，开茶叶店，卖黄金珠宝，胖东来干一样成一样。

安全诉求

当下，餐饮品牌最大的价值是什么？

尽管这个问题，不同的人会有不同的答案，但安全一定是大多数人的选择。

"霸占"热搜好几天的胖东来"擀面皮"事件，让我们看到了胖东来在食品安全上的全力以赴和担当。

胖东来对于帮助其发现重大食品安全隐患的顾客，给予 10 万元现金奖励；对所有于 2024 年 6 月 9 日至 2024 年 6 月 19 日期间在新乡胖东来两店餐饮部购买擀面皮、香辣面的顾客办理退款，并给予 1000 元补偿；对胖东来相关工作人员予以辞退、免职、取消年终福利；要求新乡胖东来擀面皮商户即日起停止营业，并解除合同终止合作，限期撤柜。

这一处理结果在业界甚至全国掀起了"强震波"，不仅仅是因为赔偿金额巨大，更重要的是胖东来此举向顾客传递了一个鲜明的信号：每位顾客都是食品安全的守护者，他们的细微观察与勇敢投诉，是对企业品控体系的有力补充，也是对潜在风险的及时阻断。

这一处理方式无疑把胖东来餐饮安全这一品牌诉求传达得明明白白，且让人相信。

问题是为什么胖东来能做到这一点，在其他企业身上却很少看到类似的处理方式？这背后彰显的无疑是胖东来对商业伦理与企业社会责任的敬畏和尊重。

在当代商业实践中，企业社会责任已成为衡量企业形象与品牌价值的重要标尺。胖东来通过高额奖励将顾客引入食品安全治理体系，体现了胖东来对公众利益的尊重和对社会责任的主动担当；对内部管理层的严厉问责和对合作商户的顶格处罚，更是将胖东来对食品安全问题的零容忍态度通过网络瞬间传达给顾客，并俘获了顾客的心。

文化驱动力

毫无疑问，胖东来火了，且火成了一种现象。

那么，是什么催生出胖东来现象呢？答案是企业文化。胖东来的企业文化包含了很多内容，比如经营模式、薪酬激励等。透过胖东来"自由·爱"的企业文化，我们还可以看到于东来的经营理念、对员工成长的要求，以及他认为的真正的成长。

文化的魅力在于它可以给予员工和顾客最大的精神价值，进而让企业形成最大的向心力、凝聚力。这是超越了物质激励的力量，会让员工心无旁骛地工作、心甘情愿地付出，也让顾客心悦诚服地买单。

文化是胖东来现象的第一驱动力。但要保证第一驱动力正常运转，就得有一套严格的体系作为保障。没有规矩不成方圆，先进的文化理念也需要系统的制度作为保障。先进的文化激发了人内在的强大动力，系统的制度规避人性的弱点和不足，这就使得胖东来既能走得快又能走得远。

深谙人性的于东来，从不会让文化这类大词失去支撑，它的支撑就是物质，物质是基础。在强大物质基础上建立起来的服务能力，让胖东来形成强大的盈利能力，加上其让人羡慕的分配体系，让企业文化形成了正向循环，也让建立在企业文化基础上的理念不只是口号。

这就是为什么很多顾客在胖东来餐区吃饭，不只觉得味道可口，还会有一种舒适感，这种舒适感其实就是一种氛围、一种企业文化的味道。企业文化让胖东来在日常的经营中实现了商品品质、服务质量的提升，也给了顾客最大的真诚。

胖东来企业文化最外化的表现就是其远超同行的员工待遇，这样的待遇将人力发挥到了极致，从而实现了低成本、高效益的一种运营模式。

在文化、制度和物质的共同作用下，胖东来打造了一套共赢的模式，兼顾了企业的盈利、员工的经济利益和个人成长，形成了多方互利共赢的效果，进而造就了胖东来现象。

胖东来现象

胖东来现象的内在逻辑其实并不复杂，也不神秘，其实就是一些清晰、透彻、领先的理念，并将这种理念落地、培育、成长、结果。解读胖东来现象其实并不重要，重要的是如何做成胖东来。与其临渊羡鱼，不如退而结网，学起来，干起来，自然就有结果。

胖东来现象及其这一现象背后的经营哲学，对企业来说无疑是最宝贵的财富之一。胖东来强调"以人为本"的经营理念，把员工和顾客都视为企业最重要的资产。这种"以人为本"的理念，能让企业在追求经济效益时坚持社会责任。胖东来倡导"诚信经营"，在胖东来，"真诚"不仅仅是一句口号，更是一种深入骨髓的企业精神，这种精神让胖东来在激烈的市场竞争中脱颖而出，并获得顾客的信任，使胖东来成为一块金字招牌。

透过胖东来现象，我们还应该思考一个根本性的问题：商业的本质是什么？是追求利润最大化，还是创造价值？

胖东来的成功实践给出了明确的答案：商业的本质在于创造价值。

在胖东来，无论是商品采购还是商品展示，都花费了很多精力和心思，只为给顾客提供最优质的购物体验。这种精益求精的态度，不仅体现在商品的质量上，更体现在对顾客的尊重和关怀上，进而让胖东来赢得了顾客的信任和喜爱。

与此同时，胖东来还积极承担社会责任。为灾区捐款，注重食品安全，胖东来在这些方面都有担当，并用实际行动诠释着"企业公民"的角色，向外界传递着正能量。这种社会责任感，不仅提升了企业的品牌形象，更赢得了社会各界的尊重和认可。

作为胖东来灵魂人物的于东来，无疑是胖东来现象的主要缔造者，于东来的企业家精神无疑是推动企业走向成功的关键因素之一。当今社会，企业家不仅是经济发展的重要推动者，更是社会进步的引领者，于东来通过自己的实践和行动，诠释了什么是真正的企业家精神。他不仅关注企业的经济效益，更注重企业的社会效益；他不仅追求个人的成功和财富积累，更注重团队的发展和员工的幸福。这种企业家精神不仅值得我们学习和借鉴，更值得我们敬仰和传承。

愿我们这块土地上出现更多的"于东来"式的企业家。

第五节 和谐的零供关系是高效供应链的基础

从烟酒糖茶到熟食餐饮，从大众服饰到黄金珠宝再到药店，胖东来的商品几乎覆盖了老百姓日常生活中方方面面的需求……

胖东来全品类多业态的零售布局，让任何一家仅凭单一业态与其竞争的对手，都很难对其形成压倒性优势，这也是沃尔玛、大商这些全球和全国性企业难以撼动胖东来的原因所在。

和谐的零供关系

那么，是什么支撑了胖东来做全品类多业态的布局呢？答案是：供应链。

胖东来的供应链管理有太多可圈可点之处，但最值得学习和借鉴的是胖东来与供应商水乳交融般和谐的零供关系。

过硬的商品质量与服务水平，使得胖东来的商品流通速度非常快，大规模进货必然让胖东来掌握了议价权；来自全国各地参观学习的同行、行业里顶尖的流量，更是让胖东来成为各个商家展示商品的绝佳平台，能进入胖东来销售的商品意味着能获得更大的销量与知名度。

但胖东来从不以这些作为与供应商谈判的条件。相反地，符合胖东来供应商审核条件的合作伙伴，胖东来会不遗余力地为其开拓更加稳定、广阔的市场。比如，在调改步步高、永辉时，大量地从这些供应商处进货，以提升步步高、永辉的商品力；比如，胖东来还把让自己受益的数字化方案共享给供应商，帮助供应商更合理地组织生产，进而实现供货质量、供货效率的双提升。

这些先进经验和解决方案的加持，更加强化了胖东来的供应链对市场变化的快速响应能力和高度灵活性，能快速调整库存和供应策略以适应市场需求的变化。

与供应商协同发展

与大多数零售企业选择供应商更注重价格不同，胖东来选择供应商的标准里，供应商的声誉、生产能力以及资源能否满足企业需求，这些指标更为关键。

同时，胖东来还会考量供应商的企业文化、经营理念、服务质量等方面是否与自身理念相匹配。比如，在胖东来开设专柜的品牌，胖东来要考核入驻品牌为员工提供的福利和薪酬。在这些方面，胖东来有详细的标准以及要求，比如必须按规定足额给员工缴纳五险一金，工资不能低于胖东来规定的最低标准，等等。

供应链建设必然会让胖东来和供应商之间建立长期、互惠互利的伙伴关系，打造出稳定、优质、便捷的供货途径。与供应商协同发展，形成产业链条的良性循环，是胖东来核心竞争力的重要组成部分。

胖东来是在建设责任型供应链，这样的供应链除了保证卖场里商品的质量之外，也在卖场里和胖东来的企业文化同频共振、相得益彰。

这是胖东来供应链建设值得业界学习的地方。

第四章

DI SI ZHANG

快乐工作的科学安排

表面上看，胖东来故事的主题是"超预期服务"。

探求"超预期服务"背后的机制，我们就会发现，胖东来的经营管理理念体现出了充满人性的商业逻辑，或可称为"商业人性逻辑"。

在这个逻辑里，与普遍的认识相反，商业的追求和人性的追求不是互斥的，而是有机结合的。有两对很重要的关系共同促成了这种商业与人性的有机结合，并决定了胖东来的独特气质：一是顾客满意度与员工满意度的关系；二是文化与制度的关系。

而这些都源自胖东来的员工成长规划体系。

员工不是机器，而是企业最大的财富

于东来一直强调："优秀的商业不只是规模，而是传承幸福和品质。爱与自由，发自内心的喜欢高于一切。"

什么是发自内心的喜欢？

从心理学的角度来说是一种情感体验。王小波有本书叫作《爱你就像爱生命》，他在五线谱纸上给李银河写信，"但愿我和你，是一支唱不完的歌。""世

界上好人不少，不过你是最重要的一个。你要是愿意，我就永远爱你，你要是不愿意，我就永远相思。"这些都属于爱情的部分。如果是关于职场思维，最著名的恐怕就是乔布斯在斯坦福大学毕业典礼上发表的著名演讲了，他在演讲中说道："你需要找到你所爱的东西，成就大事的唯一方法就是热爱自己所做的事。如果你还没有找到，那就继续找，不要停下来。"他不断强调的就是要"热爱自己所做的事"。

在胖东来，员工不只是受聘完成一定职责，他们是企业不可分割的部分，他们的服务态度、工作质量与企业发展紧密联系。胖东来通过文化理念去传输激情，通过制度设计去保证激情，这种对人性的洞察完全契合员工的内心需求，使员工始终保有为顾客提供优质服务的持续动力，进而不断进步。可以说，胖东来是把商品价值和人的价值成功融合为一体的综合体。

胖东来每周二闭店一天，春节期间除夕到初四休息，每年闭店 57 天。于东来说，我们深知零售行业里员工的辛苦，每周闭店一天一定会影响业绩，但做企业仅考虑创造物质财富是不够的，还要考虑员工的生活品质。因为员工不是机器，而是企业最大的财富。

把员工的利益落到实处

论体谅员工，胖东来称第二，恐怕没有一家超市敢称第一。

胖东来为什么要在春节这段销售的黄金时段闭店？因为春节上班影响心情，员工不快乐，服务就难以发自真心。胖东来为什么每周二闭店？这件事情的起因也很"东来"，当时于东来和员工说："打个比方，我们一年赚 2 亿元，周二闭店休息的时候会损失 7000 万元。大家觉得是幸福重要还是钱重要？"员工的回答是：幸福重要。于东来的回答也很干脆：那就闭店。

于东来认为：许多人过得不快乐，想要的越多，投入工作的时间也就越多，生活理应是用来享受的，如果赚更多的钱反而不快乐，那不本末倒置了吗？

一直以来，于东来都强调上班是自由的和快乐的。不仅如此，他还把企业95%的利润分给员工。对于员工，于东来经常挂在嘴边的一句话是：什么KPI、绩效考核都是虚的，你只有真心对员工好了，员工才会真心回报你。

怎样才能把员工的利益落在实处呢？给足工资福利是一个方面，还有一个方面被大多数企业忽视了，那就是尊重员工。这些也是胖东来让许多年轻人向往的原因所在。

在2024年3月的春季招聘中，一名985院校的毕业生因未能进入胖东来的面试环节，发布了"落榜"视频。胖东来发布了一封公开信对此进行回应，并在信中公开了筛选细则。令人瞠目的是，公开信中提及的招录比高达151:1，可见大家对胖东来的认同度之高，也从侧面体现了胖东来对员工有多好。

胖东来作为企业社会责任的真正践行者，不将利润作为第一标准，将对员工利益的关注落到实处，这是企业建立良性生态，并形成品牌可持续发展的关键。

爱和严的辩证法

在于东来眼中，员工就是一个个"能量球"，要充分发挥他们的创新、创意。要做到这一点，企业就需要花精力培养员工的相关意识，同时也要给他们较大的"自由度"，以便其更好地发挥各自的作用。

一方面，胖东来积极通过思想教育以及身边的各种实例来感化员工。胖东来的经营会议，大多不谈经营，只谈思想，大家一同探讨如何追求自身的价值和存在的意义等"哲学命题"。

于东来希望自己能把握好企业发展的方向，掌握员工的工作与生活现状，定期给他们讲课赋能，从思维到能力、从感悟到见识、从做人到做事，围绕"自由·爱"的主题，进行全方位赋能。

此外，还会有一些独特的经营安排，比如每周二和春节期间的"黄金时间"不营业。于东来的解释是：员工需要休息，他们也需要与家庭共处的时间；如果不彻底歇业，即使是采取倒班制，管理层也无法专心与家人相处。

另一方面，胖东来对员工也有极致严苛的管理要求。因为它知道，和稀泥的管理无法把倡导的理念固化到员工的行为中。当然，它也不会僵化地、机械地去用制度限制人。

下面这起胖东来处理员工违规事件的案例，就是其管理思路的典型注解。

2014年2月15日，一位顾客用手机记录下了胖东来美食城的一位员工尝了面条后，没有清洗筷子，就直接将其放回了煮面的锅中。视频上传到网上，引发了公众的热烈讨论，也引起了公众对胖东来食品卫生安全的担忧。

事件发生的第二天，胖东来就承认了食品安全存在的隐患，并采取了果断措施：解除与那名员工的劳动合同，对相关主管进行降级处罚，同时立刻关停火锅业务。处理结果一公布，大家一边为胖东来不遮掩的做法点赞，一边又觉得对当事员工处罚过重。胖东来也听取了部分公众的建议，2月19日，企业内部重新审视了最初的决定，研讨出2个方案，并进行内部民主投票。最终，胖东来修改了对当事员工之前的处理决定，给予了该员工一个学习和改正的机会，而不是直接解雇。这种处理方式展示了胖东来在坚持原则的同时，也愿意倾听大众的意见和建议。

这种凡事有度、以群众的善意标准为最终标准的管理，极大地激发了员工的善意，培养了员工勇敢、公平、正义、追求自主、自由的品格。

按岗位专家和管理专家两个方向培养员工

于东来试图构建这样一种商业国度，希望他的每一位员工都能开上车，都能买得起房子。这显然不是老板对员工的态度，更像是家长对孩子的期望。

然而，人性化管理并不意味着胖东来没有标准化制度。

事实上，在流程管理上，胖东来也是做得很极致的。擦厕所的洗手台有几种抹布，每次清洁的先后顺序是什么；煮水饺时要放多少克水、要煮多少秒等都有十分详细、明确的规定。这些制度其实并不值得称颂，定标准是容易的，难的是每位员工严格执行、用心执行，甚至视为己任超标准执行。

在人员管理上，胖东来有一个"人生规划"体系，按岗位专家和管理专家两个方向培养员工。设置了五种评价体系，按照星级的差异，规定了详尽的行为，员工很容易找到自己所处的位置和努力的方向。不同星级的员工，还有配套的生活规划。

另外，胖东来的岗位职责都是由员工制定的，他们给自己制定了极详细、严苛的工作标准。更难得的是，员工对自我的一些要求也超越了"单纯自利"的标准。比如，2022年，为了确保社区的物资供应，员工大力支持胖东来临时取消实行多年的周二休息日的安排，主动承担起对社会的责任。

顾客满意度与员工满意度这两个指标，是企业的生命线。胖东来告诉我们，两个满意度存在因果上和事实上的先后顺序：从企业的运营管理经验来说，只有充分尊重员工作为"人"的多方面需求，努力提高员工满意度，员工才会奋力工作，使得顾客满意度不断提升。

胖东来的成功可以归结为两点：一是真正关心员工、真正以人为本的企业文化；二是从价值观和文化中演绎出来的、严格而细致的规章制度。

企业建立初期，制度要先于文化，但这并不是说先期的制度里面没有文化，因为初期制定制度的是企业文化灵魂的缔造者——企业家，企业家精神也是企业文化的源头。之后，文化不断强化，进而影响制度升级。

文化与制度随着企业的发展应该被不断加强，文化越来越温暖且具有号召性，制度越来越严格细致，越来越高标准。两者之间的天地，决定了企业的事业空间。

快乐经济学

经济学理论中，劳动作为生产要素的一部分，其主体是人，而人的主动劳动和被动劳动产生的效果有着天壤之别。

财务的思维模式总是把员工薪酬当成成本，没有考虑薪酬对员工主观能动性的影响。美国管理学家彼得·德鲁克在《人与商业》一书中分析了福特公司的教训，福特给社会带来了流水线大生产观念——将人、机器和原材料组织为一个整体，1914 年更是出台激进的工资政策，将最低日工资从不足 2.5 美元提升至 5 美元，极大地提高了工人的工作积极性和购买力。

20 世纪前 20 年的福特汽车如日中天，福特用事实证明了高薪和高效率的大规模生产相结合，同样可以实现规模盈利。只是，他所倡导的流水线生产，导致个人从属于机器，忽略了人的权利和感受，福特没有意识到，人其实需要更多真正的生活。

如今，距离福特时代已经百年，1956 年提出的人工智能至今已经发展了将近 70 年，人类已经通过人工智能解决了很多企业的流水线生产问题。对零售业来说，在人和商品交易的互动中，人类独有的温暖情感、体现的文化理念是机器暂时无法替代的。尽管未来的机器人会越来越智能、越来越像人，但其本质上还是一台机器。

人类科技的进步是无止境的，如何平衡企业和人的关系，仍是企业经营的一个重要节点。

哲学家们在研究了快乐的种种理论后得出结论，快乐总是稍纵即逝的，而苦恼和悲伤总是能持续好长时间，如何解决这个难题呢？古代的哲学家或许已经为我们揭示了答案，那就是获得智慧，因为——智慧的作用，就是为人们带来绵绵不绝的快乐。

于东来已经悟得快乐的智慧哲学，他发自内心地希望每个员工、每个家庭都有这种很愉悦的状态，甚至比员工的家长都希望员工能快乐。同样幸运的是，员工感受到了，顾客也感受到了。最终，由他们连接在一起的生态群体，共同创造了胖东来的快乐经济学。

开市客创始人曾说过：我真心热爱我的企业。我希望我的员工知道，他们可以在这里建立自己的事业，我们不会转手；我希望供应商知道，他们可以依靠我们长久运转他们的业务；我希望我们所在的社区知道，我们会持续雇人，为当地带来繁荣。我根本不在乎股东的看法，我认为从长期来看，我们只要服务好顾客，照顾好员工，股东有不错的收益是自然而然的事情。

这段话语言极其朴素，道理也非常简单，却说出了众多企业成功的秘密。而于东来正是这么做的。

第二节 薪酬福利规划

很多时候，经营者想的是，计划做多大事，就准备招多少人。

很少有企业这样考虑问题：自己的钱能让多少人全身心工作，然后以这些人全身心工作时的产出作为自己经营的边界。

胖东来，属于后者。

独特的利润分配方式

薪资待遇上，胖东来的基层员工平均税后收入超过 7000 元，远高于河南省就业人员年平均收入水平。对于那些来向于东来取经的企业家，于东来总是强调胖东来没有什么经营秘术，只是每年将企业利润多拿出来一部分给员工涨薪。

在一个视频里，于东来是这样自述自己起家的经历的：我是从 1990 年开始做生意的，1995 年回到许昌，那时候负债 30 万元，计划用五六年的时间还债，那时感觉自由比什么都好，所以非常用心地经营，对员工也特别好。那时候当地人每月平均工资约 300 元，我们的员工最低是 1000 元，管吃管住，都在店里面。第一年经营非常顺利，年底就把 30 万元债务还了，还结余 50 多万元，第一年没想着给员工分钱，第二年员工工资涨到 1200 元一个月，第三年涨到 1400 元一个月，那时候还没开始分钱。第一年挣了 50 万元，第二年挣了 120 万元，第三年挣了 180 万元，这样 3 年下来挣了 300 多万元，到第四年（1998 年）一场大火损失了 300 多万元，以前挣的利润归零了，但是也有了经验。当时我哥店里也赔了 100 多万元，这样我和我哥又开始负债 100 多万元，但当时并不担心。1998 年重新开业以后，又开始提劲干，一下子开了两三家店，到年底盈利 600 万元。1999 年开了一个量贩，加上酒和饮料生意，到年底盈利 1700 万元，但因为量贩工作人员原来是整班后来变成半班，员工增加一倍，导致员工个人收入下降，于是我就从 1700 万元里拿出 1000 万元，分给了员工。之后，计划用 3 年时间，如果能赚到 5000 万元，那就给大家分 50%，自己剩 50%。到 2002 年，3 年赚了 5000 万元，觉得自己赚的钱够多了，所以从 2002 年开始每年大概分掉 80%，剩余 20% 自己花，后来就越分越多，一直延续到现在。

传统的价值分配顺序是，首先创造价值，然后分配价值，但是我们经常忘了一点，好的价值分配机制也有利于更好地创造价值。从经济学的角度分析，分配价值并不仅仅是分配利润，也是对价值进行重新配置的过程。它至少包括两大实践课题：一是盈余再投资；二是分配利润。

胖东来的成功从本质上来说，正是于东来对利润分配体制的创新。

超市部岗位薪酬与绩效

一直以来，零售行业的门店员工流动性很高。市场经济发展促进了各行业的快速发展，带动了更多的就业，劳动者选择薪酬比较合适的岗位就业也是市场经济发展的必然。企业的人力资源部门和管理者，需要设定好规则，设定好员工在各个岗位或者层级间的薪酬与绩效考核的标准和要求，才能让员工工作起来更有挑战性和目标性。

我们来看看胖东来超市部的工资政策。

1. 员工工资组成

工资＝基础工资＋文化理念考评奖励＋专业知识／技能考评奖励＋日常管理考评奖励＋岗位补贴－统筹。

当然，工资有个最低标准。无论怎样考核，只要是正常出勤的员工，实发工资不得低于4000元，这算是最低的工资标准吧。

2. 员工工资核算

（1）基础工资保底，下限100%，上限110%。

（2）文化理念考评，参与部门内部评比。

（3）专业知识／技能考评，参与部门内部评比。

（4）日常管理考评，参与部门内部评比。

员工均在本部门参与各项考评，根据考评得分占比获得考核工资，有高有低，有奖有罚，考核合理。

3. 管理层工资

工资结构与考核内容与员工一样，但是考核奖励核算与员工有差异。

除了薪酬构成外，员工福利的构成更体现了胖东来独特的经营理念，从物质到精神，由表及里。30项员工福利，关于物质、关于精神、关于安全、关于健康、关于家庭、关于创新、关于个人发展……

那么，胖东来的服务为什么做得这么好呢？

是因为他们员工的工资很高。这个回答只说对了三分之一。

其实，胖东来的成功并不只是员工高工资这么简单，它有一个完整的体系，那就是"人性化的企业文化＋合理的机制和体制＋有效的运营系统"。

两种不同的利润分配方式

2024年2月22日，居然之家董事长汪林朋在亚布力论坛年会上发表讲话，在提到员工薪酬制度设计时说："我们集团是上市公司，就要按照资本市场的逻辑去运营，而资本市场是不可能把钱分给员工的，所以你看胖东来目前这种商业模式跟现实商业的运营是背道而驰的，哪一个资本说我赚了钱分给员工？那是不可能的。"

汪林朋的此番言论引发了网友热议。

胖东来与上市公司的资本运作体系的确有所不同。上市公司是公众公司，属于全体股东共有，在两权分离制度下，中小股东只有通过投资上市公司才可能获得公司分红，并且他们都是通过二级市场买入的，作为投资者的最终目的是通过投资获得红利和资本回报。

胖东来则不是这样，胖东来员工通过工作取得薪酬和资本回报，这些资本回报是企业量化给员工的。胖东来形式上是一家私营企业，木质上也是所有员工共同拥有的一家企业。胖东来股权设计方案的主要内容是实行岗位股权制，员工不一定真出资，股份是不固定的，能者多得，完全依据个人能力和对企业的贡献进行分配。

管理学大师德鲁克曾说："企业必须有充足的利润，才能经营——这是企业最重要的社会责任，也是企业对自己、对员工的首要义务。"

美国著名经济学家、芝加哥经济学派领军人物、1976年诺贝尔经济学奖得主米尔顿·弗里德曼也认为："企业有且只有一种社会责任，即在游戏规则范围内，为增加利润而利用资源开展活动。"

开市客的成功表明，它的商业模式并不妨碍在资本市场获得成功。不过从估值体系的角度来看，利润分配的模式的确会影响资本市场的估值，如果开市客也把净利润的 95% 分给员工，那估值也会大受影响，毕竟价值经历一次重新分配，分给员工的多了，分给投资者的自然就少了，从而最终会影响公司的估值。

从金融估值的角度来看，以财务指标为主要衡量特征的价值评估是不是就真实反映了公司的价值？从股东的角度来说，内在价值评估已经考虑了未来所有自由现金流和资本成本的因素，如果公司利润仍然继续分配给员工，资本角度的估值就一定会受到制约。当然，这并不影响公司因此产生巨大的社会价值，但是巨大的社会价值无法转化为报表上的价值，就无法形成公司估值。因此，它的估值系统和资本市场的估值系统既是一回事，也不是一回事。

福利背后是企业文化

公司适不适合发展下去，和男女朋友是否适合处下去一样，都要看三观。
美国人力资源专家伯纳德·罗绍尔把企业文化简化成三件事：
（1）如何对待员工。
（2）如何对待工作。
（3）如何对待客户。
例如：沃尔沃给所有的男性员工提供半年的育婴假，就是告诉员工，作为父亲，你们同样有权利也有义务陪伴孩子。星巴克给一线员工的父母提供保险，就是在说：我们不仅要照顾好员工，还要照顾好员工的家人。

每项福利的背后都是企业文化的展现。

我们无权说哪种企业文化好，哪种不好。但作为打工人，重要的是你自己知道你的价值观是怎样的，你想要的企业应该具有怎样的价值观。

于东来不仅帮助本地的企业、周边的酒店，还开放胖东来的经验让业内同行学习，打破了"同行是冤家"的魔咒，使他们管理上有所改善，提高员工待遇，用心对待和培养员工，结果和胖东来一样，不仅没有因成本增加而亏损，反而因用心待人有了合理、可持续的利润。

胖东来员工高工资的背后，是企业文化价值在驱动。

胖东来的目标是成为一所学校，造福更多人，使人们的生活更加美好。

企业要完成这项伟业，就要不断去践行。胖东来员工高工资的背后，不正是企业践行价值追求，为实现每个人的人生价值的有效实践吗？

我们一直在说胖东来的福利好、工资高，但没有去思考这些现象的背后，胖东来在制度设计上付出了怎样的努力。这种努力就是顺应人性，利用人性的需求，有效地和制度进行融合！

赢得人心的薪酬制度该怎么设计

我们看看胖东来薪酬制度的设计，是如何赢得人心的。

（1）每个人都认为自己是独一无二的，都认为自己很行，高工资是对自己行为的认可。

（2）每个人都认为自己是企业价值理念的践行者，企业良好的价值理念，都是自己技能提升、服务良好的成果。

（3）每个人努力工作的结果，就是正向激励的表扬，特别是高工资。这些是对员工最直接的激励。

胖东来的薪酬制度恰恰符合这些被认同的人性需求，自然能赢得人心。

于东来说："胖东来是一所学校，而非一个企业。"于东来想把胖东来打造成一个商业摇篮，让更多的企业学习；胖东来的信仰是"自由·爱"，使命和愿景是传播先进的文化理念，成就阳光个性的生命。

盈利并非胖东来的使命或愿景，非要用资本市场的价值标准来评估企业的价值当然不完全合适，所以我们在分析研究胖东来的企业价值时也不必刻舟求剑。走向成功的道路有千万条，成功的原因也有千千万万个，胖东来只是其中的一个。

在千千万万的企业中，胖东来为我们展示了一个非常典型的样本，胖东来的这种模式看似简单，却包含了很多先进的经营和文化理念，契合了诸多的经济学思想。不可否认的是，胖东来设计的这套价值分配体系收获了巨大的创造价值反哺效应，从反方向完成了从价值分配到价值创造的双向循环，这当然是值得同行去思考和借鉴的。

第三节　"五化一体"服务体系

组织行为学家莎朗·帕克尔提出了主动性动机理论：如果你想让员工对工作产生高度的意义感，主动工作，必须满足两个边界条件：

一是个体要能够从外部获得进步的榜样，最好是一个努力的阶梯。

二是外部环境要能给个体提供宽容的价值评价体系。

在成长期，胖东来设计的星级员工评定就是一个非常好的职业发展阶梯，它解决了第一个边界问题。然后，胖东来提供了一个方法论——工作重塑，借助主动行为来搭建个人职业和社会意义之间的桥梁。

而这个工作重塑的支撑则来自胖东来独特的"五体一化"的服务体系。

胖东来的差异化

通常理解的差异化是从竞争角度来说的，但于东来对此有自己的理解。

于东来认为，对于同行，应采取开放、尊重、分享、不打扰的态度。他说："他们已经有那么多好超市了，我们为什么要去打扰他们呢？我们也要尊重他们的价值，打个比方，他很善良，那为什么要跟善良的人竞争呢？就像胖东来在中国也是，如果哪个店开得好，我们是不会跟它竞争的，我们只会跟它分享，相互学习，这是人类的资源。"

于东来反对恶性竞争，认为恶性竞争是对社会资源的浪费。他认为，更重要的是，要帮助善良、理解善良，共同携手去倡导善良、传播善良，不要去用竞争的观念。如果是这样，那我们的自我管理、思想、品格、格局会有更好的提升……差异化理解不好是扭曲的，会让人误读，理解好了是科学的。他这方面优秀，我把其他地方做好，就跟别人形成差异化，而不是因为差异化去获利，那这个差异化是丑恶的。

胖东来有哪些差异化呢？

（1）于东来的个人 IP 不可复制。

（2）胖东来的分配体系看似简单，能做到的企业却不多。

（3）胖东来商品销售过程中服务和创新所形成的顾客信任机制也具有典型的差异性。比如，有几个百货超市能够做到像胖东来那样，既标注零售价，又标注成本价，把自己赚的毛利清清楚楚地告知顾客？

（4）胖东来运营制度的规范以及有效执行。胖东来的实操模块有 425 个，按每个平均 200 页的标准，每页 150 字计算，425 个文档就是 85000 页，共 1275 万字，这只是胖东来制度资料中的一部分。最重要的是，制度虽多，执行得却很完美，让顾客看得见效果，形成了良性循环。

用极致的标准化创造个性化的体验

每位员工都是独一无二的，他们拥有不同的技能、知识和经验。因此，胖东来在招聘过程中不仅注重应聘者的专业技能，更看重其潜在的能力和个性特点。这种全面评估人才的方法，使得胖东来能够挖掘到适合自己的宝贵人才。

员工加入胖东来后，企业会通过一系列的培训和辅导，帮助他们熟悉企业的管理制度和工作流程，更好地识别和强化自身的特长。于东来相信，当员工能够在其擅长的领域工作时，他们不仅会更加满足和有成就感，还能为企业创造更大的价值。这种个性化的职业发展路径，极大地提高了员工的工作热情和忠诚度。

一个高效的团队并非偶然形成，而是需要精心设计和持续培养的。因此，胖东来不断优化管理流程，确保每位员工都能在适合自己的岗位上发挥作用。通过这种方式，不仅提高了员工的工作效率，还为企业的发展注入源源不断的创新动力。

胖东来的厉害之处还在于，通过制度流程把工作内容标准化，同时用各种方式调动员工的积极性和主动性，也就是以标准化的方式，创造出个性化的体验。

这些个性化的体验，通过顾客的口口相传，在社会上流传开，又不断地强化着胖东来的品牌和社会形象。这样的例子太多了，比如急购热线帮助顾客单独采购所需的商品，母婴室里安排服务人员在顾客给孩子喂奶时提供帮助，下雨天用塑料袋包起顾客的车座、帮顾客打伞，夏天用冰块给顾客的车座降温，出口处从不设置针对顾客的防盗设备……

另外，在与顾客的触点上，胖东来针对的也不是某个个体行为，而是把这些行为全部用标准化的方式固定下来。比如煮水饺时要放多少克水、要煮多长时间，擦厕所的洗手台有几种抹布，每次清洁先后顺序是什么等，都有十分详细、明确的规定。

当做到极致标准化的时候，任何一位顾客都能享受到针对自己的个性化服务，遇到麻烦的时候，都能感受到自己被照顾了。比如妈妈带着孩子来到胖东来，孩子突然尿急，妈妈发现有一个儿童卫生间，会因此而感动；顾客购买的东西太多，拎不动，马上过来一位保安帮他拎东西，还一直帮他送到车上，他也会很感动……

这就叫作用极致的标准化给顾客创造个性化的体验。

胖东来通过这种和顾客个性化的沟通和服务，和社会建立起无数个触点，不仅把胖东来提供给顾客的美好生活理念传达开来，还展现了胖东来对顾客的爱和对社会输出正能量的企业价值观。

人性化的力量

胖东来的愿景，不是成为世界 500 强、全球第一的连锁超市，而是"培养健全的人格，成就阳光个性的生命"。

胖东来员工入职时，会拿到两本手册——《岗位实操手册》和《人生规划手册》。其中，《人生规划手册》会教员工如何租房子、装修房子，如何买鲜花，如何提升生活品位，如何教育孩子、赡养老人，甚至教员工如何立志、如何做人、如何学习等，简直"管得太宽了"。

胖东来视员工为具有"独立自由意志"的"完整意义的人"，而不是"人力资源""人力资本""第一资源"。

对待员工，不是要计算投入产出比，企业和员工的关系不是"利益共同体"，甚至也不是"价值共同体"，而是"命运共同体"。这点华大创始人汪建和于东来很类似。华大的合伙人不叫"合伙人"，老汪亲自起名叫"同行者"。他说，不是要"合伙分赃"，而是"同心同行、共有共为共享的命运共同体"。

另外，以人为本，还得承认爱玩也是人的天性，所以，"能干会玩"是胖东来对员工的倡导。倡导"能干会玩"，是把员工当作"完整的人"，而不仅是"工作人"，这样才能让员工更有幸福感，感受到工作的意义。

于东来觉得，人要有闲暇时间，才能和家人多沟通、多相处，才能放松身心、提升生活品位和质量，才能更开心、更幸福；人有闲暇时间，才能学习、充电、提升自己，给自己提升品位、陶冶情操留出更多的时间和空间。

这既能保持员工良好的工作状态，也给员工进步留出了时间和空间。瑞士专利局的小职员爱因斯坦，正是因为有闲暇时间，才能发现相对论。

透明化带来信任

在胖东来，所有的茶叶都明码标价，价格透明，利润也公开。顾客不再需要为了价格的不透明而犹豫不决，也不必担心被商家"忽悠"。这种经营方式让茶叶这个曾经被认为是"暴利"的行业变得透明起来，顾客可以明明白白地消费。

不仅仅是卖茶叶，胖东来还会调整部分商品价签，公开自营商品的毛利率：最高初始毛利率为20%，未来不允许超过25%，必须做到无暴利，并提到商品的标准——高品质、时尚、功能全、价实，让商业向越来越健康、透明和美好的方向前进。

另外，于东来对于工资透明的观点也引起了公众广泛的讨论。从人事的角度看，公开工资制度，有其独特的优势和潜在的挑战。

首先，公开工资制度能够显著提升员工的公平感。当员工能够清晰地看到不同岗位、不同绩效对应的薪酬水平时，他们就知道企业的薪酬分配是否公平，减少不必要的疑虑和猜测。这种公平感是员工工作动力和安全感的重要来源，有助于员工更加积极地投入到工作中。

其次，透明的工资制度有助于员工明确努力的方向。员工可以清楚地了解自己的薪酬水平与其他员工的差距，从而明确自己需要提升和进步的方向。这种明确的导向性有利于激发员工的进取心和竞争意识，促使员工不断提升自己的能力和绩效。

再次，公开工资制度还有助于促进企业内部沟通和提升员工对企业的信任度。员工可以更加清晰地了解彼此的工作价值和贡献，进而在工作中更好地协作和配合。同时，这种制度也体现了企业管理的坦荡以及对员工的尊重，能够极大地增强员工对企业的信任感，使员工更加愿意为企业的发展贡献自己的力量。

然而，公开工资制度也存在一些潜在的挑战和危机。

首先，企业需要做好解释说明工作，确保员工能够理解企业薪酬体系的设计逻辑和依据。这样可以避免因为误解而产生不必要的矛盾和纠纷。

其次，企业需要引导员工关注整体绩效和团队合作，避免因为过度竞争而破坏团队合作的氛围。

最后，企业还需要保护一些涉及个人隐私的特殊情况，如高级管理层和关键技术人员的薪酬等。这些人员的薪酬可能会涉及企业的商业机密或竞争策略，因此需要更加严格的保密措施。

可以复制的"善良化"

在一次演讲中，于东来说过这样一句话："胖东来被神话是一种悲哀，无非就是善良了一些、真诚了一些，其实，每个人都应该活得真诚一些。"说这话时，他潸然泪下，称有太多人解读胖东来，却没有一个人懂胖东来。

经营零售商贸的胖东来，以"自由·爱"为企业文化，创造了中国线下商贸的一个小小奇迹。随着移动互联网的发展和人口红利的消失，在强大的线上"围剿"下，很多线下商贸实体陷入困境。

然而，胖东来却在日渐凋萎的线下逆流而上，开拓出一片新的天地。尽管于东来表示到2025年暂时停止发展，但基于目前已经形成的巨大IP效应，从经营战略上看，胖东来已经完全具备线下扩张和线上攻击的能力。

在微博上，胖东来的投诉建议账号被投诉最多的，是"胖东来为什么不到我的城市开店？"，网友们用最特殊的方式表达了对胖东来的爱。从最初的望月楼胖子店发展到现在，胖东来让传统的商业模式焕发出崭新的时代生机。自由、爱、快乐、真诚、信任这些东西是无价的，本质上它们与商品价值无关，但胖东来用事实告诉我们，并非如此。

总有人质疑胖东来的模式能否被复制，于东来则反问，如果善良都不可复制，那还有啥能复制？

胖东来的确做到了"让零售更有思想"，"爱在胖东来"，胖东来用实际行动践行着"爱自己、爱家人、爱员工、爱顾客、爱社会"的理念。

爱是什么？在赫尔曼·黑塞的《悉达多》一书中，悉达多对他的朋友果文达说："对我来说，爱是最重要的物质。了解世界、解释世界、轻视世界，也许是那些大思想家做的事。而我唯一感兴趣的是热爱世界、不轻视世界、不憎恶世界和我自己，能够充满爱意、钦佩和敬意地看待世界、我和万物。"

胖东来的成功也让我们明白一个道理——商业也可以很美好。这是企业文化的力量，还是个人人格魅力的功劳？"自由·爱"，这些貌似非常平常的名词，当被作为一个企业的企业文化并且取得了商业成功时，这件事情本身难道不值得我们去思考吗？

第四节　工作时间进化史

成功的企业一定有个非常强大的核心优势，是别的企业很难比，也很难学得会的。

有的是技术能力强，有的是战略眼光超前，有的是商品体验极佳，有的是营销能力突出，有的是成本控制能做到最低，有的是奋斗精神与创新能力超群，有的是商业模式适应了时代的变迁……

然而，有一家企业，我们看来看去，都不得不承认，它的成功来自一种人人都有、人人都能学会的品质，那就是：善良。

这家企业，就是位于河南省许昌市的胖东来。

把握好效率和员工幸福感的关系

胖东来给顾客提供了那么多极致的服务体验，靠的是消耗员工的体力和情绪吗？

美国社会学家阿莉·拉塞尔·霍克希尔德提出过一个情绪劳动的概念，就是员工在工作时展现出某种特定的情绪以达到所在职位工作目标的劳动形式。比如说服务业的员工要礼貌有耐心，即便顾客不满意也要笑脸相迎。这些在脑力和体力之外的劳动，就叫作情绪劳动。

服务行业的员工长期从事情绪劳动，容易被各种负面的情绪裹挟。他们的生活容易不快乐，没有幸福感。

胖东来认为，员工首先是人，是完整意义上的人。什么是完整意义上的人？首先就是具有独立意志、个性自由的人。其次是人只有在组织中才能发挥作用，也就是组织人，这二者是构成人性化的基本内涵。

对待员工的态度，是胖东来与其他企业的不同点之一。只有让员工充分认同雇主，切实享受到企业发展带来的利益，并得到尊重和认可后，员工才能从心底贯彻企业的制度和愿景。

胖东来处理的是效率和员工幸福感的关系。人不是机器，靠压榨员工或者靠员工自身修养和责任心去做好工作，一个两个还可以，一群人不现实。

人总是能从内心迸发出更大的力量。人的幸福感越高，效率越高，责任心越强，越不想从这种幸福感当中脱离。这是一种主动式的自驱力，能够创造更大的价值且长期持续。

压缩工作时间

胖东来的员工在工作时间上的进化是于东来人性化管理的具体体现。于东来多次讲过，胖东来员工的工作时间一开始并不像现在这么短。

胖东来刚起家那几年，业务扩张迅猛，员工的工作时间也随之延长，那段时间员工每天工作十几个小时，吃住都在店里，于东来管得也严，不让大家出去。所以，虽然大家工资挺高，但是没有自己的时间。

后来，于东来就和员工说，如果谁愿意干半班，可以报名，结果很多员工都报名了。本来于东来以为大家在胖东来上班，能赚很多钱，都很开心的，应该没有几个人愿意上半班。没想到员工根本就不是这样想的，人家情愿只上半天班，少拿点钱。于东来又伤心又生气，觉得员工真不懂事儿，有这么好的机会，你干吗不好好珍惜，多挣点钱替家里分担一些？

越想越气，他把那些报名上半班的人全都开除了。后来他觉得自己这样也不对，没有从年轻人的角度想问题，毕竟他们也需要谈恋爱，也需要有自己的时间。于是又把其中一部分人招回来了。

胖东来由部分员工半班制逐渐演变成全员半班制，也就是一个员工一天只需要工作6个小时。如此一来，每个人都轻松了、自由了，但拿到手的工资也少了。于东来心里觉得不是滋味，为啥让大家的钱越赚越少了呢？为了弥补，于东来当年底把总资产盘算了一下，把47%的股份分给了员工。

不仅如此，于东来后来还打破很多超市行业通行的"全年无休"原则，宣布胖东来超市每周二放假，每年大年三十到年初四放假，让员工能够充分休息和陪伴家人。

于东来曾在接受采访时表示，一个不爱自己、不懂生活、不会分配利益的商企老板，就不会爱自己的员工。员工是与顾客交际、提供服务的群体，如果员工在企业里没有获得感、幸福感，那么所谓的"服务至上、顾客第一"就是一句空谈。

"我们下班以后不允许打工作电话，下班了你就做你自己的事情。"

提倡"能干会玩"

随着年轻员工的加入，胖东来的组织管理又有什么进化呢？

面对这个问题，于东来创造性地提出了"能干会玩"的理念。他说玩是人的天性，能干会玩是一种生命的平衡，也是生命质量的一种提升。

要"玩好"就要有时间上的保障，为什么实行半班制、两人一组轮换、每周二休息、延长春节假期？其实就是让员工回家陪自己的父母、陪自己的小孩。2014 年，胖东来给每位员工额外增加一个月的年休，现在员工每年有接近 90 天的假期。对此，于东来还不满足，他想未来要做到每年给员工提供150 天的假期。

怎样才能"玩好"呢？

首先是设施有保障。胖东来每一家店里都有员工健康娱乐中心，时代广场店还花 600 万元聘请诚品书店的设计师给员工打造图书室，还有设施齐全的员工健身区、豪华的休息区，等等。

其次是组织机制的保障。胖东来人力资源旗下有一个宣教部，专门负责组织员工的各项文化娱乐生活，它的权限甚至比一线的运营部门还要高，而且还有资金保障，该花的钱只要使用合理就绝不抠门儿，这是机制的保障。

"玩"变成了胖东来人性化管理的有趣组成部分。玩好了，员工身心愉悦，有饱满的精神、充沛的热情来服务顾客。玩，不仅能拉近人跟人的距离，让人更懂得生命的价值和意义，而且员工的认知提高了，也才能够带动顾客提高认知。

"能干会玩"的提出，也是因为于东来把员工当作完整意义上的人，而不再是单纯的工作人。完整意义上的人，除了工作之外还应该有娱乐休闲的生活。

一般的企业与员工可能就是雇佣关系，优秀的企业会跟员工形成一种伙伴关系，满足员工情感的需求、归属的需求、被尊重的需求；真正卓越的企业会跟员工成为事业共同体、命运共同体，满足员工求知的需求、审美的需求，以及帮助员工自我实现。

如果说胖东来人性化的管理能够培养出员工的高素质，那么"能干会玩"才真正造就了员工的幸福感，从而成就了这样一家非凡的企业。

满足多层次需求

胖东来是怎样调动员工积极性，进而把积极性转化为企业效益的呢？

首先，充分地满足员工的衣食住行等需求，让员工没有后顾之忧。除了工资比同行业其他人高很多，胖东来还给员工送年货，年底还能够给家里拿回去一万多块钱……

于东来说："当时我没有认真地算过给员工发多少钱才合适，只是考虑他们一年能挣多少钱，能办多少事。"

其次，于东来通过分钱的方式将利润补贴给员工。1999 年的时候，当年的净利润 1700 万元，他分掉了 1000 万元，同时实施半班制一直到今天。

就这样，胖东来既满足了员工在财务方面的安全感，又在时间上满足了员工对亲情、爱情和友情的情感需求。于东来肯定员工的贡献，也让员工活得有尊严。他还认为，没有社会的幸福，就绝对不会有个人长久的幸福。

分钱并不是把钱当作金手铐去留住人才，而是于东来非常超前地认为，人劳动就应当有权来分得这个钱。同时他还倡导工匠精神，让员工专注热爱自己的工作，通过一系列的星级员工评定帮助员工成为品类专家。

胖东来还帮员工做人生规划，让员工懂得什么叫生活。当员工的需求获得满足后，自然会进入最佳生命状态，并把这一状态在工作上表现得淋漓尽致。

人性化管理的一体两面

好服务、好细节的背后，是胖东来对员工的足够尊重，以及让员工在工作中有获得感。同时，"自由·爱""幸福与美好"等均被贯彻到管理的细节中。

20世纪80年代，德国著名企业家马克·菲尔德首次提出"人性化管理"的概念，旨在解决、调整劳动者的"厌工情绪"。胖东来是一家做到了"人性化管理"的企业，同时它也诠释了人性化管理的一体两面。

尊重员工、缩短工作时间、高薪都是其积极的一面，但最基本的依然是现代企业管理制度，即对劳动雇佣关系的认定、约束和相应的奖惩分明。

胖东来的员工手册共有85000页之多，事无巨细地规定了工作流程，甚至具体到每一分钟要做什么，不要对顾客说什么话。一件小事如果没做好，会给员工扣分、让其内部反省，并在企业内通报对其的处罚，第二次违反纪律后会直接解除劳动合同。

出众的服务细节源自严格的细节管理，于东来曾在分享中表示，胖东来的员工因为不认真对待工作而犯错，代价是非常高的，"上班就要专心投入，这是对职业最基本的尊重，不见得每个胖东来人都能做到，但是做不到要离开。"

甚至于，部分基层员工没能完全领悟胖东来高度抽象的企业文化，于东来也会在"东来分享"上直接发文批评。

对员工保障到位与强制度约束，是人性化管理的一体两面。

同样地，在不断传播"爱"文化以及于东来个人魅力的影响下，胖东来的服务细节与管理体系也是一体两面的，而隐在水面之下的，依然是企业家对人性的深刻理解，是企业对劳动雇佣制度的尊崇。

很简单，员工想要高薪和高福利，想要足够的休息与成长空间，胖东来都可以给到，但如果做不到规章制度所要求的标准，那员工就得接受相应的处罚。那些被"神话"的胖东来细节，无外乎是最基本的"付出与回报"，并将其明确写进制度中。

胖东来模式从来不是空中楼阁，每家企业都可以明确许多制度，但将书面条文转变成实际的服务行为，才是企业做不好的部分。

第五节　不断更迭的激励方法

一个人的成功，是一群人铸就的，因为这群人希望你能成功。你的成功能给他们带来价值，他们能从你的成功中获益。

为什么要先学会分钱？因为如何分钱决定了你的商业模式。

商业模式的实质在于利益相关者的交易结构，而对交易结构的优化就是商业模式的创新，其本质在于降低交易成本。

交易成本就是买卖双方在完成一笔交易的过程中所产生的成本，包括违约成本、时间成本、履约成本、信用成本等。

胖东来用共同致富的理念，像对待亲人一样关爱顾客，善待自己的合作伙伴，维系这些利益相关者，从而获得了一种超级互信关系。

正是这种互信关系的存在，使得交易成本降到了最低。而让交易成本降到最低的是业界顶格的工资设计。

厘清胖东来包含工资制度在内的激励办法的进化方向，可以帮助我们更好地理解胖东来商业模式的秘密。

"钱"是信心管理的关键

为何许多企业学习胖东来模式却不能成功？钱是一个直接原因。

我们发现，很多企业明明比胖东来有钱得多，却还在钱的方面不能让员工满意。这涉及一个更深层的原因，也就是管理学经常讲的"信心管理"。

说个直观点的案例。假设你经营一家企业，本年度净利润 10 亿元，如果告诉你，要将净利润的 80% 用来发工资，才能充分调动员工的积极性，这样，明年你的企业就能继续营收 10 亿元。

经过简单的数学运算，相信大部分人都愿意用净利润的 80% 来发工资。

可如果你不敢肯定按照现有的运营战略，明年是否还能有同样的营收水平时，大部分人可能就要犹豫一下了。

一家企业的战略信心越强，越会把钱给到位，将其视作必要的投资。而对未来越是缺乏清晰的定位的企业，哪怕眼下不缺钱，在发钱时仍会瞻前顾后，生怕发出去的每一份高工资都成为沉没成本。

于东来曾表示，自己敢于将胖东来 95% 的利润留给员工，底气源自对企业的信心。而这个信心的根源就是于东来相信激励机制下员工的成长速度，这也是胖东来敢于给员工业界最高工资的底气。

比如，胖东来许昌店，一个一般员工的基础工资大概 4000 元。算上其他奖励，一个月有可能达到七八千元。什么概念？这正好是许昌市中心一平方米的房价。

换句话说，胖东来的服务并非没有价格，只不过，这部分成本被胖东来内部消化了。你可能会说，这么高的薪酬划算吗？

一位薪酬设计专家曾经算过一笔账。胖东来店长的年薪大概是 100 万元，总监一级是 50 万～80 万元，课长一级是 10 万～30 万元。对标中国最大的零售集团之一——大连大商的薪酬，总经理一级的年薪是 28 万～50 万元。

这意味着，每一个胖东来门店，都有几十个拿着大商集团总经理一样工资的人在操心。做企业最需要的是什么？是有多少人愿意像创始人一样，为这家企业操心。

创始人的目标，就是复制更多的、能像自己一样为企业操心的人。而胖东来通过全量的工资设计，实现了这点。

当然，凡有收益，必有代价。有人就说，这个薪酬制度的代价就是，让胖东来很难走进一线城市。因为在一线城市想给出同样有竞争力的薪酬，成本太高了。

全量薪酬设计激发了更多人像创始人一样，为企业操心。而员工操心和不操心时所创造的价值有天壤之别，胖东来薪酬设计的精妙之处就在于此。

胖东来激励制度的四个特点

通过梳理分析，我们会发现胖东来的激励制度有四个特点。

一是，通过有竞争力的薪酬水平让员工安定，支撑高服务战略。

企业的薪酬制度并不是孤立存在的，它和企业的战略紧密相关。公开资料显示，胖东来员工的薪酬水平普遍高于同区企业和同行企业。这种有竞争力的薪酬水平，一方面为企业吸引了更合适的员工，另一方面保证了员工队伍的稳定性。而合适、稳定的员工队伍是提升员工服务技能、稳定员工服务态度、创造顾客高满意度、实现胖东来高服务战略的前提条件。

二是，通过人性化的福利水平让员工有精力支撑高服务战略。

为了实现高服务战略，胖东来非常重视对员工精力和身心健康的管理，因为这里有一个朴素的道理，员工休息好了、精神状态好了，才能更好地投入工作。为此，胖东来一改传统零售业的做法，设置了更加人性化的休息、休假等福利制度，让员工有更充分的休息时间。

三是，通过企业文化的激励让员工有思想支撑高服务战略。

通过有竞争力的薪酬水平、人性化的福利水平，胖东来获得了忠诚度较高、精神状态较好的员工队伍。然后，再植入以"爱"为核心的企业文化理念，唤醒员工真心实意帮助他人的意愿，这样，胖东来的各项服务就有了灵魂，从而支撑胖东来高服务战略的达成。

四是，通过股权激励让管理者有尊严支撑高服务战略。

当胖东来有了一群真心实意帮助顾客的基层员工之后，企业服务水平会快速提升。但如何保障服务水平的可靠性？如何持续改进服务水平？胖东来在员工激励力度的基础之上，又采用分红等股权激励制度，大幅增加管理者的获得感、让职业经理人等管理者像企业老板、股东一样有尊严，从而支撑胖东来高服务战略的持续达成。

没有快乐的员工何来快乐的顾客，而员工满意度背后是"以人为本"理念下的企业文化。所谓企业文化更多是关于经营理念，也就是说企业如何处理与社会、股东、员工、合作伙伴等的关系，尤其是企业如何看待员工，是看作资本还是成本？

从胖东来员工激励的角度我们可以反推出这家企业的文化建设系统，也可以看到创始人的"发心"。

价值创造是激励机制的导向

对待员工，胖东来以人为本，尊重、关爱员工，不让员工受委屈，让员工相信自己的价值，建立公平的奖惩机制和晋升体制，充分调动员工的积极性和创造性。杜绝一切加班，强调快乐人生，让员工充分享受人生。通过对员工关爱，让员工快乐，来改变员工的习惯和行为，传递到顾客时便转化为高质量的服务。

胖东来所建立的高付出高回报的薪酬模式以及股权分红制度，能激励员工的主观能动性，让员工为自己奋斗、创造，把员工黏合在一起，使他们目标一致，胖东来赚得越多，员工赚得也越多。员工从"打工仔"变成了合伙人，提高了责任感和使命感，有利于实现员工和企业的双赢。如此一来，胖东来的每位员工都能够主动地为胖东来尽心尽力地做事，从深层提高企业的核心竞争力。

一家企业的服务绝不只是让员工去服务好顾客，更重要的是企业要先服务好员工。这不是割裂的两件事，而是一件事的两面——员工对待顾客的样子，其实就是企业对待员工的样子。影响企业效益的不仅是外部的顾客，同时还有内部的员工，因为员工的存在是为企业创造效益和价值，而顾客对企业的印象除了受商品质量和价格影响，很大程度上还取决于员工为其提供的服务。

要想员工为顾客提供满意的服务，首先要让员工自身满意。胖东来的管理重心是抓员工的满意度与忠诚度：为提高员工满意度和忠诚度，胖东来坚持以人为本、尊重员工，杜绝一切加班、强调快乐人生；通过高于同行业同职位两倍以上的工资和年底分红，激发员工的积极性，提高员工的满意度；通过设立员工委屈奖、为员工提供公平的晋升机制和奖惩制度，以及舒适的工作环境和体贴入微的福利待遇，以提高员工的忠诚度。

高薪酬、高激励可以保障员工生活无后顾之忧，而以人为本的企业文化，坚决不让员工加班、不让员工受委屈，给予员工充分的尊重和爱护，员工才会忠诚于企业，为企业鞠躬尽瘁，为顾客提供优质服务。员工对企业满意、忠诚，就会尽职尽责、兢兢业业，为顾客提供更为优质的服务，增加顾客良好的感知和体验，以此提升顾客忠诚度。因此，胖东来通过与员工共生来提升员工的满意度和忠诚度，为价值创造奠定起点。

"好人红利"理论

为什么很多企业无法像胖东来一样取得成功？

其实，单就利润分配这一点，胖东来已经领先众多企业。因为很少有企业愿意像胖东来这样大方地回馈员工。除了高额利润分配之外，胖东来还提供了丰厚的福利待遇，比如每年有1个月的带薪休假、每天工作不超过8小时，以及非工作时间不接工作电话的规定。

胖东来的规定是不是有点"奇葩"？很多企业为"员工不愿意加班，一下班就联系不上人"而头疼，胖东来的规定却是"不准加班，下班不准接工作电话"。胖东来还要求员工每周必须与父母共进一餐，每年必须有一次省外的长途旅行，以重新审视生命的意义和追求。

胖东来的考核体系也很特别，不仅让员工接受管理者的评分，还让员工对管理者进行评分。如果管理者的评分不合格，可能会面临末位淘汰。这种机制迫使管理者重视每一位员工的感受，尊重他们的需求。

胖东来坚信，只有尊重员工，把员工当人看，鼓励他们成为好人，他们才会用心去做事，做好事，从而让顾客满意，顾客满意了，自然会带来好的利润。

这就是胖东来的"好人红利"理论：当员工成为"好人"时，企业享受的是他们带来的红利。

重新定义商业和企业

近年来，以全食超市、开市客、巴塔哥尼亚等为代表的西方企业，兴起了一场"商业觉醒"运动。

它们公开抛弃以"股东利益最大化"为目标的经营方式，而是将顾客、员工、投资者、合作伙伴、社区等视为利益相关者，让企业变成实践人性关怀的载体、为人类服务的载体。比如开市客，其商业模式很简单：追求极致的优质低价。

而胖东来，远不仅是质优价廉。下面举些例子：

（1）胖东来无理由退货，包括生鲜食品。买个西瓜，吃了一半觉得不好吃，全额退款。

（2）对商家而言，进货价格、供应商名录，是经营的底牌和核心商业机密，胖东来却在商超界发明了打"明牌"。

他们在商场中设置专门的展示空间，公开披露全部的供应商名单和联系方式；在货架上售价标签的旁边同时标上进货价。透明到这种地步，让大家诧异不已！胖东来待顾客真是掏心窝子地好，让顾客自己掂量，买得值不值。

当然，真心换来真心。

（3）胖东来的每家店都设有员工健康娱乐中心，有的店还聘请了诚品书店的设计师来设计图书室。图书室里并不只是营销和职场能力提升的书籍，还有很多历史人文书籍，以提升员工的知识素养。

（4）顾客提意见，胖东来给奖励500元。那不怕天天挑毛病的顾客吗？于东来认为，还是好人多，人家愿意花时间帮助超市提升，就该感谢。

例子太多了，不胜枚举。网上流传说：许昌和新乡的百姓都给惯坏了，到哪里都觉得超市不够好。

胖东来，是现今销售土壤里生长出来的商业觉醒的鲜活样本。

它在重新定义商业和企业，既有中国家文化的特色，体现正心、修身、齐家、治企、利天下的中华智慧，又与西方悄然兴起的商业觉醒运动不谋而合，殊途同归。

商业和企业不应只是"以利润为导向"。利润是副产品，也是可持续发展的条件。企业需要利润，如同人需要呼吸。不能呼吸，人会窒息、缺氧而死，但人活着，绝不是为了喘气。

如果有更多胖东来式的企业，一定会改变中国自古轻商的文化痼疾，改变"无商不奸""商人无利不起早"的偏见。这个意义，是对全体国民的一次市场经济和商业教育。

胖东来的意义，远远超出了它创造的利润、税收和就业岗位。它一定会写入中国商业史，影响几代人。

第五章

DI WU ZHANG

危机处理从容淡定

第一节　一把火的反思

1998 年 3 月 15 日凌晨，一场大火将于东来的望月楼胖子店烧成灰烬，大火不断蔓延，最终 8 人死在这场大火中。

对于东来来说，损失的不仅仅是一家超市，更是 8 条人命，他没办法释怀。

他想要放弃，也一度自我否定：自己不仅没有帮助到别人，还害死了人，或许他就不应该开店。

雪上加霜的是，那年不光他倒霉，家里也不顺。哥哥那边的店，也由于一个意外情况，损失了很多钱。之前，于东来给一个朋友做担保，结果朋友出事了，几十万的贷款落在了他的名下。这样算起来，等于前面几年赚的钱，全都赔进去了，几年白干了。

于东来简直失去了再走下去的勇气。

凤凰涅槃浴火重生

但就在此时，命运又向他展示了温情的另一面。

家人自不必说，不断地宽慰他，给他爱的温暖。员工生怕他出事，连续 40 多天，尽管没有活干，但没有人回家，每天都陪着于东来，给他打气。

更难得的是，许昌的老百姓知道胖子店被人烧了，纷纷伸出援手。有人写信鼓励说千万不能倒下；有人打电话过来安慰；有人直接寄米了汇款单；许昌下边区县的老百姓，骑着三轮车，拉着家里的农货，拖家带口来看望于东来……

在火灾之前，有很多顾客预付了定金但是没有提货，也有些顾客手里持有之前发的代金券，由于大火把货品都烧掉了，于东来担心顾客会担忧他们的货还能不能提，或者代金券还能不能兑现，就让员工给所有顾客打电话，给他们的传呼机发信息，让他们都去兑现。但最后发现，几乎没有人去兑。顾客们说，东来让俺去结账，你们都出了这个事，俺咋好意思去呢。

一位素不相识的老大娘，专程过来，无论如何都要见于东来一面。员工把大娘领到东来面前，大娘拍着于东来的肩膀说："孩儿，你可千万不能趴下，你要是需要钱，你大伯和俺还有两万多块钱存款呢，都拿来给你用。"

于东来的眼泪"唰"一下涌出来。他说："大娘，您放心，东来一定不会趴下！"

那一瞬间，于东来感到一股无穷的力量。他不是一个人在战斗，而是有千千万万善良的老百姓和他站在一起。就凭着许昌老百姓的这份厚爱，于东来也不能垮下，他一定要重新站起来，把企业做得比以前更好！

那一刻，于东来迎来了新生。

我要做一个伟大的人

如果说在此之前，于东来觉得开店是对自己人生的一个救赎，是对家庭和员工的一种照顾，那么从这以后，于东来领悟到，胖东来已经不是于东来的店，不是老于家的店，也不是员工的店，而是社会的店。把胖东来办好，不仅是对老百姓深情厚爱的一种回报，也是他责无旁贷的重任。有这么好的顾客，有这么好的老百姓，有什么理由不把胖东来经营好呢？

1998年5月1日，新店重新开张，许昌老百姓奔走相告，把店围得水泄不通。6月，于东来把哥哥的店也接了下来，按照自己的方式，重新规划管理。年底，他又接连开了许扶店、五一店等一批新的连锁店。到1999年，于东来开了许昌第一家大型量贩式服装店。

也就是这一年，于东来明确了内心的想法：我要做一个伟大的人。

在人们心中，"我要做伟大的人"，那必须得是开天辟地式的英雄人物才敢想敢说的。于东来只不过是一个做点小生意的商人而已，有什么资格宣称，自己要做一个伟大的人？

但于东来就提出来了。很多人认为他疯了，甚至当面说他就是一个神经病。也有人认为他太狂了，还有人认为他无非是作秀。

不过，于东来铁了心要做伟大的人，倒不是为了追求什么社会地位和历史名声，而是他认为，自己的性格太懦弱了，在遭遇重大困难、面临重大打击的时候，他真的会想死。他认为，这种懦弱，只有用一个伟大的志向才能够去克服。只有用"成为伟大的人"来鞭策自己，他才有足够的勇气和动力，去正视自己的懦弱，并战胜它。

从那时起，于东来开始用伟大的人的标准来要求自己。他发现，很多事情其实他早就开始做了，只不过做得不够深、不够多、不够无私、不够系统化而已。

主动吃亏

确定了"要做一个伟大的人"的目标后，于东来开始用"做伟人"的标准来要求自己。他的一系列动作，完全颠覆了"正常的商业逻辑"，听起来美好得就像神话，但都一一落实了。最震撼的是四个方面：

第一个方面，早在1999年，他就首开"不满意，就退货"的先河。顾客在胖东来买的任何东西，不需要任何理由，就可以直接拿来退货。要知道，我国是在2014年之后，才从法律层面规定购买商品可以7天无理由退货的，于东来早实行了15年，而且条件还要宽泛得多。例如，西瓜吃了一半不满意可以退，电影看了一半不满意可以退，甚至有老大娘拿着3年前买的被褥来退，胖东来二话没说直接退。

第二个方面，胖东来对售出的物品，不管是衣服还是电器，全部包修。衣服免费给锁边、缝扣、或者改码。最绝的是，不管你是不是在胖东来买的衣服，只要拿过来，胖东来都免费帮你改。

不管你在哪里买的电器，只要拿到胖东来，或者给胖东来的人打电话，胖东来就给你免费修。如果是上门修，胖东来员工会在修好电器之后，问你有没有其他电器需要检修的，只要需要，他都能给你免费修一遍。

第三个方面，胖东来提供"缺货物品代购服务"。胖东来超市有一个专门的本子，是供顾客登记缺货商品的，就是说，如果你想要什么商品，在胖东来超市找不到，可以登记在本子上，胖东来会专门为你去进货，哪怕整个城市只有你一个人需要，而且需要的量只有一件，胖东来也会给你找来。

在许昌广为流传的一件事情是：有一位老师，母亲生了重病，医生开的药方上写着，要用 4 两荞麦面作为药引。这位老师跑遍许昌城都没买到。后来有人说，你可以去胖东来试试，他去了胖东来，胖东来也没有，但工作人员拿出一个本子说"您可以在这里登记一下"，老师一看，是一个"缺货需求登记本"，他抱着半信半疑的态度登记了，想着这个本子估计没人看吧？就算有，估计买来也得十天半个月吧。

没想到，第二天，胖东来的人就把荞麦面送家里去了。原来，胖东来的店长每天都会看这个本子，对每一条需求都会想方设法满足。看到这个需求后，马上派业务员全城寻找荞麦面，但是市区怎么都找不到，后来想，得到村里去，果然买到了。

但是还得另找地方加工啊，4 两荞麦面的生意太小，磨粉的地方不值当专门开一次机，不愿意给加工，于是就买了 8 斤荞麦，磨成 4 斤荞麦面，冒着大雨给送到老师家里去了，并且死活都不收钱，说是"大娘生病，这是我们该做的，一点荞麦面还收什么钱"。

第四个方面，对于胖东来做得不好的地方，欢迎任何人提意见，只要提一条，就奖励现金，刚开始奖 100 元，后来增加到 500 元。

例如，有人在货架上看到商品价格是 4.8 元，拿到收银台一扫，发现是 5 元，那么只要到售后服务处一说，不仅商品免单，而且马上能获得 500 元的现金奖励。如果是买了东西拎回家了，觉得胖东来有哪个地方没做好，打电话过去提建议，胖东来的人会即刻把 500 元现金送到顾客家里。

业界流传着这样一件事：胖东来实行投诉奖励政策后，到了年终，于东来看实施报告，发现顾客投诉奖一年才发出去 7 万多块钱，马上发了脾气：怎么这么少？太少了，要想方设法鼓励顾客投诉，争取明年发出去二三十万。

我们不免疑惑，胖东来这样干，不是亏死了吗？哪里还能赚到钱？事实是，胖东来越是这样干，赚的钱就越多。早在 2000 年，胖东来的利润就达到了 1000 多万元。而这些钱，于东来大部分都分给了员工。

主动吃亏，反而最后赚得更多，其实原理很简单：于东来待人如此真心，许昌人民也用真心回报他。胖东来的超市成为许昌人最喜欢的购物场所，人们情愿绕远路也要到这里买东西。有人做菜时发现酱油没了，会专程花 9 块钱打车到胖东来超市买一瓶 3 块钱的酱油；有一对七旬老夫妇，家里的百年老石榴树结了罕见的"并蒂果"，他们舍不得吃，专门用花篮盛了送到胖东来，上面的红纸写着"爱心永存"；有人在外地有别的发展机会，犹豫要不要离开许昌，最后决定留下，原因是"外地没有胖东来"。

"封神"之路

望月楼胖子店是于东来真正走入零售行业的第一步，这家 1995 年在许昌创建的店铺是胖东来的前身。

当时，它和许昌的其他超市并没有多少区别，只是于东来有自己的经营思路，那就是"比别人便宜一点，服务好一点"，坚持用"真品换真心"，迅速在当地赢得了口碑，走出了"封神"之路的第一步。

20 世纪 90 年代，大多数人并不注重品质，尤其是在许昌这样的小城市，"货真价实"就是最好的选择，这让胖东来"木秀于林"，进而引来"狂风"。1998 年，一场纵火事件中断了它的发展，望月楼胖子店被烧毁。

于东来经常在各种场合说这样一句话："当时社会上很多人帮我，就促使我去还这个情又开店，希望社会更好。"

这也让于东来开始进一步思考怎样做好超市。1999 年，于东来给新开的店取名胖东来，并提出"不满意，就退货"。这在那个年代可谓独树一帜，生意比之前还要火爆。胖东来由此迈出"封神"之路的第二步。

紧接着，胖东来创新性地推出了各种服务，比如免费存车、打气、打电话、衣服熨烫、裁缝修边等，贴心地为顾客解决各种问题。2002 年，胖东来生活广场和服饰鞋业大楼相继开业，胖东来正式转型为"综合超市"。此后，又有了药店、家电城、茶叶店等多种业态，涵盖了人们日常生活的各种需求。胖东来的"封神"之路迈出了第三步。

一场大火，没有烧掉于东来的信心，却干"火"了胖东来。

第二节　当欲望大于能力

有几年，于东来一门心思想着，既然老百姓想要来胖东来上班，我就要多招人；既然老百姓想要到胖东来购物，我就要多开店。他不仅在许昌开了越来越多的胖东来分店，还希望能把店开到全省，开到全国，甚至开到全世界，以服务更多的人。

2005年，胖东来第一次走出许昌，在河南新乡开了"新乡胖东来百货"。当时新乡早就已经有了丹尼斯、世纪联华等大型超市，在如此激烈的竞争环境下，新乡胖东来一开业，就成为最受新乡市民欢迎的大型商超。

到2011年，胖东来已经拥有了30多家门店，员工8000多人，年销售额60多亿元，而且其坪效和人效远超其他零售企业。

在开店和关店之间犹豫

随着胖东来的不断发展壮大，于东来深感自豪。毕竟，他解决了那么多人的就业，服务了那么多的民众，这完全是按照他之前的梦想在前行。

然而，此时的于东来又陷入了新的矛盾中。急速扩张的人员和营业规模，带来了巨大的管理和运营压力，让他感觉力不从心。以前企业有300多人，他每个人都叫得出名字，都能说得上话，后来增加到几千人，大部分人他都不认识。

而且他能够明显感觉到，员工的幸福指数在下降，服务水平也远远达不到他想要的标准。尽管胖东来与同行相比，服务水准早已一骑绝尘，但在于东来看来，如果满分是 100 分的话，胖东来连 5 分都达不到。

于东来为此感到非常痛苦，甚至开始怀疑，自己开这么多店到底对还是错？要不要关掉其中的一些？他想：虽然我有心招更多的员工，服务更多的顾客，但是我的能力有限啊，凭着这有限的能力，我没办法让员工感到幸福，也没办法让顾客感到满意，如果做不到这两样，这个店开它干吗呢？至于说赚钱，我赚的钱早就够用了，再多的钱也没有任何意义。反而因为店面运营中出现的种种不尽如人意的事情，让我感到生活失去了很多快乐。开店如果成为一件破坏快乐生活的事，那就完全失去了意义。

但问题是，如果店关了，第一是那些员工就失去了工作机会，只能去找别的工作，他们可能没有这么好的待遇了；第二是顾客就失去了这么好的购物场所，可能享受不到这么好的服务了。这两点也是他不愿意看到的。

这两种念头，一直在于东来心里拉锯，让他无比纠结。看到员工或顾客因为胖东来的存在而感到幸福，他就觉得开店好；看到员工和顾客有任何的不幸福，他就觉得还是关店好。

闭店风波

当于东来内心的矛盾越积越多的时候，发生了一件事情，让他不得不痛下决心——他和他的爱人得了重病。

病愈回家之后，于东来和爱人抱头痛哭。这一重大打击让他对目前的生活再次产生怀疑：我们这样拼死拼活，为了大家的幸福，结果落得重病缠身，这究竟是为了什么呀？

在这种情况下，于东来对"个人幸福"与"为人造福"的关系有了新的感悟：虽然我想为别人创造幸福，但前提是自己要幸福。人只有自己快乐，才能让别人快乐。如果自己都不快乐，怎么可能给别人带来快乐呢？一份事业，如果给自己带来的不是快乐，而是纠结和痛苦，最终因为种种负面情绪，把身体都搞垮了，那还有什么意义呢？

于是，于东来下定决心：大面积关店！从2012年开始，于东来陆陆续续把许昌市区的很多门店都关掉了。到2013年，他甚至宣布，要把新乡的两家店全部关掉——要知道，那是新乡最大、最受欢迎的两个商业综合体，每一个年营收都有十几亿元。2015年12月21日，新乡胖东来平原路店正式关店。

但关店所引起的反响，远远超出了于东来的预期。

因关店而被解聘的员工，如同走丢了的孩子一样彷徨失措。顾客也惋惜："咋就关了呢？以后去哪儿买东西啊？"

媒体也开始报道，胖东来倒闭了，说于东来的经营哲学被证明是靠不住的……这些都让于东来感到极度不舒服，但也还在忍受范围之内。后来发生了他最不能容忍的事情：许昌有多名员工，因为离职补偿问题，到胖东来闹，到市政府上访。当地媒体首次用极度负面的态度来报道胖东来，质疑于东来。

让于东来伤心的是：这些员工，有跟了他五六年甚至十几年的。对于这件事，于东来在内部也没有能够得到其他员工足够的支持与理解，这让他一下子完全受不了了。

于东来觉得无比委屈、愤怒、不甘。他心想，我对员工如此掏心掏肺，员工却这么对我，这么多年对大家好，难道换来的就是这样的结果吗？再加上当时他正生着重病，每天大把大把地吃药，早已千疮百孔的肠胃，在药物的刺激下，疼得他每天都没有安宁的时刻。

在情绪激动之下，于东来宣布：许昌胖东来全部关掉，不干了。他还在微博上控诉："当我需要正义的、理解的声音的时候，许昌的几千名员工，你们哪去了，你们觉得所有的得到都是应该的，都已成了习惯，惋惜的不是不理解的人，而是付出了所有的爱，承担了不应该承担的，你如果把企业当成暂时的家也会站出来哼一声，说一句公道话，可悲的人们……只知道得到爱，拿什么让我爱你们！"

"伤透了！数千员工没人站在我这一旁。半生经商，只落得夫妻二人重病在身，楼起楼落噩梦一场。"

"……我不再是你们的成员，也不要再对我有什么要求……"

很显然，这是一个感情丰富的人在最脆弱无助的时候，向这个世界、向他在乎的人，发出的心底最深的、饱含血与泪的呐喊。

好在，世界终究没有亏待善良的人。

一些胖东来的员工打出横幅："公司是船，我在船上，大哥加油。"有女员工接受媒体采访时，流着泪说："我知道东来哥承受了很大压力，最后落下了一身病。在每个员工的心中，你像家长，更像娘家人。"新乡市的市长、副市长也都出面真情挽留，说胖东来为新乡做出了巨大的贡献，希望胖东来留在新乡。

从四面八方涌过来的温暖关怀，让于东来重新有了力量。而且他本意也不是要全部关停，只不过是一时伤了心，控制不住情绪而已。

于东来的思考

当新乡大胖店在新地址重新开张时，胖东来没有做任何的宣传，但是消息不胫而走，群众从四面八方蜂拥而来，附近的道路全部堵车，商场门一开，店里很快就变得比春运期间的火车站还要挤，不到一个小时，就聚集了太多人，政府和于东来都害怕引发安全事故，决定暂停营业。于东来下楼走到门口，费尽九牛二虎之力，亲手关上了商场的大门。但顾客流连在门外，久久不愿离去。

于东来借助中国零售市场的发展红利稳扎稳打，完成了所有业态的布局后，从原来一个街头巷尾的烟酒公司转型为现代化商贸集团，标志性事件就是 2002 年开设胖东来生活广场。

之后，胖东来在新乡、许昌接连击败了国内外的零售业巨头，运营管理上也开始精细化、标准化、系统化。

就在胖东来看起来顺风顺水、高歌猛进的时候，于东来却有计划地关掉了一些门店，这些店其实都还在盈利中。为什么要关掉一些还在盈利的门店呢？于东来的回答很值得深思：企业家不能被规模所困，更不能受制于欲望，当欲望大于能力的时候离灾难就不远了。

为什么？大家都不明白，很多人说他们模式不行、资金链断裂等。

令于东来特别郁闷的地方在于，为什么企业就一定要做大、一定要上市？如果这个企业没有给顾客提供高质量的服务，员工没有在工作中找到快乐而只感受到了负担，难道不应该关掉吗？

东来理念

于东来对企业的认知是这样的，他把企业比作是人的活动，是人的活动关系组成的系统。

基于这样的认知，他说："零售业其实正处于一个变革迭代的时期，很多企业盲目扩张其实是一种不负责任的、功利主义的心态在作怪，胖东来拒绝走这条路，盲目开店、大举扩张，管理资源和水平跟不上，服务能力不达标，既坑了员工，又坑了顾客。"

这种认知部分来自他对过往行为的反思，之前他认为开店就是一种投机行为，什么赚钱就去做什么，急功近利。但后来他深刻认识到，一家企业从单一业态发展到多种业态是需要很长时间的，胖东来扩张得有点快，所以服务不达标、顾客投诉多，而且这样的工作是在浪费员工的青春。他认为早期盲目发展所带来的苦果，需要改变。

可以说，胖东来的成功是于东来理念的成功，也就是为什么要开店，为什么要办企业。当于东来自己信仰大爱，并把传递爱、给他人带来快乐、幸福作为自己的价值观时，也就不难理解胖东来"舍得"的企业文化了。

这与于东来本人的经历与人格魅力分不开。

都说胖东来的成功是源自高工资、分钱机制，把原因归结为胖东来效益好、于东来有钱可分。表面看确实如此，但根本原因还在于老板的价值观、理念与魄力。

于东来多次讲到创业初期，为了生存做过多种营生，辛辛苦苦开的店还被一场大火烧干净。这些经历，对他的价值观、办企业的目的等都产生了深刻影响。

胖东来的成功，与于东来创业 20 年来始终如一地倡导并身体力行的大爱文化分不开。

于东来对人性、人生以及哲学、人文学科都颇感兴趣，他也将这种对人性的哲学思考用行动和语言融入胖东来的企业文化中，倡导人与人之间的爱、传递爱，倡导享受生活、幸福快乐地工作。

一个人改变了一座城

有人说：于东来一个人改变了一座城。

因为胖东来的存在，许昌和新乡的零售服务业水平成为全国的"天花板"，胖东来的服务成了标杆，其他的商城也不得不跟进，否则和胖东来差距太大，就更没有人去了。许昌人和新乡人在外地逛商场，就是觉得和老家没法比。

因为胖东来的存在，许昌和新乡的零售业平均工资大大提高。很简单，胖东来的平均工资是同行的 2 ~ 3 倍，一家零售企业如果工资和胖东来差别太大，自然不会有人去。

因为胖东来的存在，许昌和新乡人民的幸福指数也大幅提升。且不说胖东来的近万名员工及他们的家庭因为胖东来而感受到的幸福，也不说老百姓逛胖东来感受到的幸福，以及在向外地人说起时的骄傲，就说如果我们所在的城市能有胖东来这样的超市存在，想想都是一件非常幸福的事。

做企业做到这个分上，我们称胖东来为"神一样的企业"，称于东来为"神一样的企业家"，有什么过分的呢？

第三节　"委屈奖"的由来

你听说过"委屈奖"吗？

胖东来针对员工因制止不文明行为被投诉或被辱骂、恐吓，专设了"委屈奖"。不同情况，奖金为 500 元到 5000 元不等，2024 年奖金数额又有提升。

2024 年 7 月 9 日晚间，于东来在其个人抖音号先后发布多条图文，其中提到员工工作期间被无故指责，胖东来会给予员工 5000 元以上的补偿费；被辱骂，给予 1 万元以上的补偿费；被打，给予 3 万元以上的补偿费，并追究当事顾客的法律责任。

胖东来如此热爱员工、关心员工的心理需求，理解服务行业从业者常受委屈的现实，并通过物质奖励予以弥补……这样的企业的确是一股清流。

设"委屈奖"，意在鼓励员工做正确的事

一直以来，胖东来因员工待遇好频频登上热搜，成为不少打工人心中的"良心企业"。被打工人封为"职场乌托邦"的胖东来，其员工福利不只体现在薪资、假期上，还体现在细微之处保障员工权益、尊重员工，让员工主动提升工作积极性和专业性。

关于尊重员工，胖东来更是落到实处。2023 年 6 月，一位顾客与胖东来的员工发生了争执，胖东来拿出了一份 8 页的调查报告，承认服务过程中存在问题，并决定对管理人员进行 3 个月的降级处理，同时携带礼物和 500 元的服务投诉奖品上门向顾客致歉。

即便再强调保证服务质量，也不会全然不顾员工的尊严。于东来明确表示：尽管尊重顾客，但不会以贬低员工的人格为代价。如果顾客不满意，可以通过特定渠道投诉，但不能当场对员工进行大声呵斥。

为了保护员工的利益，胖东来决定给予员工 5000 元精神补偿金。对于那些在调解过程中表现出色的员工，也给予每人 500 元的礼品奖励。这份报告清晰明了，有惩有奖，既尊重了顾客，也维护了员工的尊严，让人感受到了浓浓的人情味。

在员工关怀方面，胖东来包食宿，还有各种节日福利、奖励等补贴。其中，"委屈奖"更是让不少打工人心生好奇，曾在网络上引起广泛讨论。胖东来超市办公室曾回应称，确实设有"委屈奖"，意在鼓励员工做正确的事。

"委屈奖"并非新鲜事，早些年在服务行业就流行过一段时间。这种奖的设置是想传达企业遵循"顾客是上帝"的理念：顾客对，以顾客为准；顾客错了，也不鼓励员工与顾客争论对错。

服务行业发生纠纷是常事，"委屈奖"正是从人之常情出发，可以有效安抚员工情绪，鼓励员工拿出更友善的态度，缓和服务过程中的矛盾，从而减少摩擦。

从补贴力度上看，胖东来的"委屈奖"最高已超过 3 万元，而这样的力度，也足以让员工感受到管理者的体贴。

对员工好，真诚对待员工，让员工幸福，真的能调动员工的积极性吗?

去过胖东来的人都会有这样的感觉，胖东来一线员工真有把企业当家的意识，即一线售货员都非常有责任感。

不让员工委屈，才是设"委屈奖"的真意

马斯洛把人的需求分成五个层次，尊重是仅次于自我实现的高等级需求。

尊重，是人之为人的精神给养，而物质上的弥补，并不能完全取代公正的信念。举个常见的例子，外卖小哥常常会担心被差评而影响收入，有些顾客也会用"给差评"要挟，之所以如此，很可能跟平台在投诉机制上的设计比较简单粗暴有关。顾客投诉，外卖员没有自辩空间，或是自辩门槛较高、成本较大，让他们不得不忍气吞声，与其说是一种选择，不如说是没有选择。

其实，补贴不是目的，而是让员工知道，服务时的委屈有地方诉说，不良情绪有地方托底。因此，这样的补贴更不能是纸上的福利，不能人为设置够不着的条件。企业对员工有信誉，员工就会对企业有忠诚。从这个角度说，"委屈奖"映射的既是服务者与被服务者的关系，又是企业和员工的关系。不让员工委屈，才是"委屈奖"的真谛。

对劳动者而言，正常履职却遭遇批评误解，甚至是辱骂殴打，都是"意难平"的憋屈事。"委屈奖"这样的后置程序不仅是"真金白银"的补贴，也是充满人情味的精神慰藉。胖东来的"委屈奖"引来一片赞誉，原因正在于此。

网上有个关于胖东来员工的视频，产生了很高的讨论度——一个正准备跑去帮顾客提重物的服务员小哥看到地上有垃圾，立马蹲下捡起，然后接着完成自己的工作。

网友评论：不是真心热爱这里，不会如此。

如今，很多企业管理者的痛点出奇一致：员工执行力不够。为什么胖东来的员工的执行力能做到这般？

那是因为胖东来为员工做得足够多。

经营"人心"，建立共同愿景

每个企业的发展历程都受时代影响，每位企业家的成长也具有历史的特殊性。简单的模仿、照搬，都只是表象的东西，可以说是难以起到作用的。因此，该如何正确地学习胖东来呢？

组织的价值创造主体归根到底是人，经营的核心也是人，经营"人"的核心是经营"人心"，利益相关者的人心向背直接决定了组织走向红火还是衰败。

胖东来用其经营哲学凝聚了核心层的心、员工的心、顾客的心，找准了使命，建立了共同的愿景、价值观，将企业文化从墙上、册子里落到人心，落到行动上。"上下同欲者胜"，如此就形成了强有力的团队，本着互利共赢的原则，为同一个目标而努力。

正确地学习胖东来，就是需要说清楚各部门、各个价值链所涉及的利益相关者，去分析基于组织战略实现过程中各自期待实现的愿景。

通常，各部门、各个价值链所涉及的利益相关者有四个：顾客、管理者、员工、供应商。顾客是价值交付的对象，管理者是价值的发起人，员工是价值活动的实施者，供应商是价值实现的必要要素的供应方。管理者需要基于驱动职能找到这四者的共同利益点。

在具体描述愿望时，有以下几条基本原则可以参考。

基于未来的：与利益相关者探讨未来他们需要的结果是什么样的，讨论未来有助于形成长久的、持续的、稳定的价值共识。

基于现实的：从现实的角度出发，讨论下一步彼此能够带来的看得见的价值，推动彼此立即合作的进展。

可以实现的：愿望是可实现的，才能够激励大家坚持，尽量用已经实现的案例来影响大家，提升大家的信心。

有激励性的：每个人都有各自的期望点，物质、精神、成长、关爱、存在感、参与、学习等，形成不同的愿望组合，丰富共同愿景的结构。

互利的：共同愿景要具备"互利"的原则，每个责任人能够从"利他"的角度出发，也能够达到"利己"的目的，这样的愿景才能长久。

在所有的利益相关者中，谁是价值的支撑者呢？在不同的阶段，这些利益相关者会发挥不同的价值。

卖方市场中"卖方"发挥价值，买方市场中"买方"发挥价值。当人们开始为自己内心的愿景工作，而不是为了讨好管理者而工作时，就必定会从共同创造愿景的过程中获得益处，这样的企业才能生生不息、蓬勃发展。

如何平衡效率与员工情绪

学习管理学时，每个人都会读到很多案例，诸如著名的美国西南航空案例、宜家的管理方式等，但在管理实践中，类似的文化氛围非常难以打造。

而胖东来之所以著名，是因为许多企业难以效仿。

胖东来对所有岗位的员工都设有"委屈奖"，这个不属于薪资待遇，而是单独的奖励项目，意在鼓励员工做正确的事。比如，员工制止不文明行为被投诉、遭到顾客辱骂恐吓、维护公共安全时遭遇一些情况……胖东来就会对员工进行奖励。

这几年，很多企业都开始了数字化管理，基于此，人工效率被一再提及。因此，类似员工卡着秒表上厕所、快递小哥无视红绿灯埋头猛冲的新闻屡见不鲜……这种仅仅追求效率却忽视人的感受的做法，不仅伤害了员工的情感，也可能导致企业在长期的发展中损失人才、声誉和顾客忠诚度，最终得不偿失。

胖东来给予员工"委屈奖"的案例提醒我们：关注员工的情感需求和心理健康是保持人工效率和提升企业整体表现的关键。企业必须认识到，人性的关怀不仅是道德的要求，更是提高效率和创新力的必要条件。通过构建一个充满尊重和关怀的工作环境，企业能够激发员工的潜力，实现真正的可持续发展。

在提高效率的过程中，人性是不可或缺的一环，在奋力前行的过程中，切勿忘记以人为本。对于企业的管理人员来说，需要反思的是，在追逐效率的路上，可以适当放缓节奏。

经典案例：女员工"尝面条事件"

"尝面条事件"让胖东来又冲上了热搜。

有网友爆出一段视频：2024年2月15日，许昌胖东来时代广场店，胖东来的一位厨师正在大桶内煮面，其间，她用筷子从桶中捞出面条尝了一下，尝过之后，就拿起漏勺用这双筷子往外盛面条。

视频很快被发到了网上。仅仅过了一天，胖东来就已经将整件事情查清，并且公布了处理结果：火锅档口暂停营业；开除未按标准操作的涉事员工，主管被降级；对于起到监督作用的网友，给予奖品和奖金！

评论区里几乎一边倒地维护胖东来，也有不少网友表示心疼这位被开除的姑娘。也许有人会觉得奇怪，为什么这么多人帮胖东来说好话？

有网友道出了真相：因为胖东来确实好。

真正的人性化管理

事件发生后，舆论不断发酵，一些网友认为处罚过重，心疼这位被开除的姑娘。2月19日凌晨，胖东来商贸集团在深夜发布了13页员工试吃事件的调查报告。报告中对此次员工"尝面条事件"进行了再次复盘，同时从4

组处理方案中研讨出了 2 个方案，进行民主投票。

方案一：按照严重违纪解除员工的劳动合同，对其安慰补偿；主管维持原处理结果；火锅档口关停。

方案二：员工降为学习期 3 个月，调离本岗位，转岗为非食品加工岗位；主管维持原处理结果；火锅档口关停。

经过最终投票，民主决议的结果为方案二，涉事员工被调整岗位，得以继续留在胖东来工作。

真正的人性化管理，不是在表面上展现对员工的关怀，而是要深入了解员工的需求和感受，从根本上建立起一种相互尊重、信任的企业文化。在这起事件中，网友们的建议并非仅仅是出于对这名女员工的同情，更是对企业在管理中应有的人性化关怀的呼吁。

人性化管理意味着要给予员工足够的尊重和理解。每个人都可能犯错，尤其是在工作中，一些小错误不应成为断送员工职业生涯的理由。对于这名女员工的行为，企业可以通过私下沟通、教育培训等方式，让她认识到自己的错误，并给予她改正的机会。这样的处理方式既能维护企业的规章制度，又能体现出对员工的尊重和信任。

此外，真正的人性化管理还需要建立在有效的沟通和反馈机制之上。企业应积极倾听员工的声音，了解他们的需求和困惑，及时解决问题，避免问题的积累和扩大。同时，企业还应注重员工的个人成长和发展，为其提供良好的培训和晋升机会，让员工感受到自己的价值，并使其潜力得到充分的发挥。这样，员工会更加自觉地遵守企业规章制度，积极为企业的发展贡献自己的力量。

真正的人性化管理并非一蹴而就，它需要企业在长期的实践中不断探索和完善。

这次事件也让我们深刻反思企业管理中可能存在的问题。在追求效率和利润的同时，企业不能忽视了人性化管理的重要性。只有真正做到以人为本，才能赢得员工的心，实现企业的可持续发展。

希望更多的企业能够从这次事件中吸取教训，积极探索和实践真正的人性化管理，为员工创造一个更加和谐、温暖的工作环境，共同迈向美好的未来。

真诚透明胜过公关技巧

舆情危机发生后的第二天，就迅速开除涉事员工，胖东来的品牌危机应对不可谓不及时。但也带来了二次舆情危机的发酵，不得不进行深入调查。其中有什么教训？

及时对舆情事件进行调查处理，是品牌负责任的表现，相较于遇到问题掩盖、删除负面信息或无视，这值得肯定。但胖东来的第一次处理，的确过于仓促，但也可以理解，因为需要在第一时间拿出态度和解决方案。

舆情危机应对可能是一个动态的过程。如果调查结果客观真实，处理结果合法、合理且合情，也有助于恢复受损的品牌形象。

企业在遭遇危机事件时，应秉持坦诚的态度积极应对。若事实和责任明确无争议，切忌试图遮掩或逃避，因为过度的掩饰只会加剧事态的恶化。同时，也无须过度依赖危机管理和公关专家的复杂"技巧"，真诚与透明往往是最有效的解决之道。

从第一时间的快速反应到深度调查的应对调整，其中包含了什么品牌逻辑？

企业如何处罚，首先要依照有关规定进行，而有关规定的制定要同时兼顾顾客和员工的利益和意见。

过轻或过重的处罚都可能带来负面影响。过轻的处罚可能损害顾客利益，而过重的处罚虽然可能在短期内提升品牌在顾客心中的形象，但长期来看可能损害员工利益，进而影响商品和服务质量，最终损害品牌形象。

危机处理的效果必须确保各方都感受到公平合理，让每个人都能够接受且感到满意，这样才能真正恢复或提升品牌形象。

对有不当行为的员工的处罚，依法依规是基本原则。胖东来此次修改处罚结果，有对舆情的考虑。根据受害者或社会公众的舆情反应和当事人的具体情况，此次的人性化处罚在情理之中。尽管前后的处罚力度有所不同，但只要合情合理，就不会对胖东来的品牌带来负面影响。

面对极有可能引发危机的事件，胖东来始终保持公开、公正、公平的态度，纪律之下，人情不减。

胖东来的三板斧

欲戴皇冠，必承其重。作为草根生长的奇迹，胖东来近年获得了巨大的流量，关注度暴增的时候，也是容易引发危机的时候。

一名普通员工的去留问题，竟然牵动了众多人的心。这背后，不仅是对事件本身的关注，还有对企业管理、员工权益等诸多问题的深入思考。

应该说，面对突如其来的公关危机，胖东来拿出"三板斧"，展现出高超的危机应对和公关能力。

第一板斧：严处罚不袒护，平息负面舆论。事件曝光之初，胖东来迅速做出反应。第一时间承认员工行为违规，并宣布已闭店整改。这种不回避、不袒护的态度，有效地平息了一部分人的不满和质疑。

紧接着，胖东来通过官方账号发布详细情况说明，将事件定性为严重食品加工安全事故，并依据企业管理制度对涉事员工做出初步处理决定——解除劳动合同。这一严厉举措展示胖东来对食品安全和保障顾客权益的坚定立场，进一步稳定了公众情绪。

第二板斧：让舆论发酵，公众评议。随着媒体纷纷跟进，"律师称胖东来开除当事员工处罚过重"等话题的讨论，公众开始对这起事件进行更为深入的思考和评议，多数评论提到"能否给员工一个改正错误的机会"。

公众的讨论并未因胖东来的迅速回应而减弱，舆论声量反而持续发酵。对此，2月19日凌晨，胖东来发布关于"餐饮部员工制作员工餐未按标准试吃"事件的重新民主讨论、审议、决议。这种民主评议的方式，让公众感受到了胖东来的开放和包容，也为后续的处理提供了更为广泛的民意基础。二次回应发布后，公众评论倾向有所反转，多数公众认为"此次处置更加人性化"。

第三板斧：保全员工，赢得掌声。经过充分的舆论发酵和民主评议后，胖东来再次出手，公布了此次事件的最终处理结果：涉事员工降为学习期3个月，调离本岗位，转岗为非食品加工岗位。这一决定既体现了企业对食品安全制度的严格执行，又彰显了对员工的人文关怀。

胖东来通过合理的调整和处理，为员工提供了改正错误、重新开始的机会。这一举措赢得了公众的理解和支持，也为胖东来赢得了正面的舆论效应。

在这起员工"尝面条"的风波中，胖东来的危机公关处理可谓严谨且人性化。从最初的严厉处罚到后续的公众评议，再到最终的人性化处理，每一步都体现了企业对顾客、员工和社会的尊重与关怀。这样的处理方式在化解危机的同时，也一定程度上提升了企业的品牌形象和社会责任感。

胖东来的危机公关三板斧，也为其他企业提供了宝贵的借鉴和参考。

从"尝面条事件"中能学到什么

胖东来的"尝面条事件"触及了管理、公平与人性等层面的问题。我们来深挖一下这个"尝面条事件"，看看究竟能给我们带来哪些启示。

先看一个在现实生活中经常出现的场景，一名员工因为在办公室小憩了五分钟，被领导严厉批评，甚至要开除。这种情况下，如果换作我们，可能会感到委屈和不满，因为这个小错误与我每天的辛勤工作似乎不成比例。这个场景与"尝面条事件"有着类似之处，都反映了在管理中寻找平衡的重要性。

"尝面条事件"让我们发现，在管理中，找到那个恰到好处的平衡点有多么关键。过分严厉，会让人感到窒息；过于宽松，则可能让人放松警惕。这就需要我们在适度原则的指导下，找到一个既能维持秩序又能激发积极性的平衡点。

同时，这次事件也让我们反思，作为管理者应该如何正确对待每一个"尝面条"的瞬间。每个人都有犯错的时候，关键在于我们如何从错误中恢复心态和汲取教训，而不是一味地指责和惩罚。

我们也需要深思，一个看似简单的决策，可能会对团队氛围、员工士气乃至企业文化产生的深远影响。因此，在决策时，我们要思考的不仅是立竿见影的效果，更是长远的利益。

由于胖东来的高知名度和高话题度，面对负面事件往往需要承受加倍的压力。最终，胖东来以严肃认真的处理和真诚的态度，化干戈为玉帛，柔性消解了负面事件带来的影响。

胖东来将刚柔并济的智慧渗透到企业的管理之中，"人情经营"与"绝情管理"相互调剂、配合，既保证了以人为本的企业理念，又确保了企业的规范运作和高效执行，赢得了市场的广泛认可和顾客的深度信任。

胖东来每次的危机处理，都向我们展示了面对挑战时，快速、透明、负责任的态度，以及深刻的自我反省和持续改进的管理策略，是企业赢得公众信赖、稳固品牌根基的关键。

在这个信息爆炸的时代，每一次危机都是对品牌应变能力的考验，而有效的危机公关策略无疑是保护和提升品牌价值的关键。

胖东来用实际行动告诉我们：每一次危机，都是自我超越的契机，是品牌信任重塑的转折点。

什么是真正的危机公关

2024 年 6 月 25 日，新乡胖东来餐饮商户被曝出"擀面皮加工场所卫生环境差"。

对企业来讲，这是一次危机，处理不好会极大地损害企业形象。胖东来采取的一系列举措，不但巧妙地平息了这场"危机风波"，还将其转化为一次"品牌文化宣传"，让人看后更加认可与信任胖东来。

事情是这样的：有人举报胖东来商户的擀面皮加工场所卫生有问题，还附了视频。胖东来查实后，二话不说，奖励了举报人 10 万元，还承诺给那段时间买过擀面皮、香辣面的顾客每人补偿 1000 元，加起来一共赔出去 800 多万元。

除了赔款，在整个事件中胖东来的应对还有许多可圈可点之处。

一是，回应迅速、及时。6 月 25 日晚，有顾客在短视频平台反馈新乡胖东来联营餐饮擀面皮加工场所卫生环境较差的问题。6 月 26 日，胖东来发布了相关的情况说明，称高度重视顾客的反馈，已成立调查组，对此事进行严格调查。6 月 27 日凌晨，胖东来发布调查报告，并告知处理结果。

从发现问题到解决问题，仅用了 3 天，这就是"东来速度"。

二是，调查报告详细、准确。阅读胖东来的调查报告，会发现其内容无比详细和准确，包括事件起因、调查、问题分析、整改方案与处理结果等要素。胖东来的调查报告，甚至可以当成是一份课程"小论文"了。

三是，处罚严厉、赔偿力度大。除了奖励赔偿 800 多万元之外，胖东来还对相关工作人员采取一系列处罚措施，如予以辞退、免职、取消年终福利等。同时，"要求新乡胖东来擀面皮商户即日起停止营业，并解除合同，终止合作，限期撤柜"。

从处罚的力度可看出胖东来处理问题的决心，也彰显出其对顾客的用心、对食品安全的重视。胖东来用 800 多万元，给其他企业示范了什么是真正的危机公关。

胖东来的公关行为，给了我们什么启示

2023 年 6 月，顾客与员工争执，胖东来出具了 8 页调查报告。

2024 年 2 月，员工尝面遭举报，胖东来出具了 13 页调查报告，并启用

民主投票，留下了该员工，既尊重了大众的意见，又维护了员工的尊严。

哪怕是再小的问题，胖东来都能展现出 100 分的重视，并且每一次处理、整改都付诸行动、深入肌理，打到每一寸骨头上。

回顾胖东来的每次公关营销，其"出圈"的流量密码就是情绪价值。

基本上，胖东来处理舆情都是一个流程：先承认自己的错误，然后深入调查、严肃处理，最后公布自己的整改方案。流程虽简单，但情绪价值"拉满"。

实事求是，主动承认错误，是在第一时间安抚顾客的情绪，不让负面情绪进一步恶化。而做出相应的处罚，是表明自己是站在顾客立场上的，这种共情会让顾客产生被重视的感觉，对胖东来的抵触情绪也会得到缓解。完善标准，是态度的展示：不合规的现象胖东来会认真严肃地对待，彻底打消顾客的后顾之忧。

在 2024 年 2 月员工"尝面"的风波中，最后胖东来采用民主投票的方式留下了该员工，这一步堪称神来之笔。在当今"一键开除"的社会氛围中，胖东来展现出的人性化管理赢得了无数打工人的好感。

那么，胖东来屡次"出圈"的公关行为，给了我们什么启示？

首先，顾客是上帝，但员工也是家人，重视顾客意见与重视员工感受并不矛盾。

当遇到顾客与员工发生冲突时，企业要重视顾客的意见和反馈，但也不要着急与员工进行切割。企业要设身处地站在公众和员工的角度思考，做出两全其美的决定。

其次，建立舆情预警和应急处置机制，危机发生时能迅速应对。

有些企业不注重公关，出了事才想起公关"救火"，那就太晚了。应建立完善的舆情预警机制和应急处置机制，这样危机事件发生时才能快速反应。

这次胖东来遭遇"擀面皮事件",仅用 3 天就完成了深度调查处理,整个动作一气呵成,没有一丝拖泥带水,可见其舆情预警和应急处置机制的成熟和完善。

再次,企业价值观与公关声明一致,切忌说一套做一套。

如果公关只是为了暂时躲避舆论的风头,那公关就没意义了。企业要在危机公关中,审视企业价值观与实际行动是否"知行合一"。

企业的价值观和实际行动要高度一致

如今品牌的危机公关越来越难做了。

一方面,是因为互联网以及自媒体的普及给危机带来了更多的引爆点,不管是事先预防还是事后消除影响都变得更加困难。另一方面,大众已经对常规的公关策略免疫,如果还在用什么品牌不知情、部分门店、临时工等字眼搪塞大众,很容易发酵到难以收场的地步。

而胖东来并没有将"公关"看作一个孤立的事件、一个危机出现才会选择的策略,而是将其融入日常经营之中,随时都在与顾客交互,随时都在累积彼此的信任。这让一场场浮于表面的"危机公关"变为有章可循的"公关管理"。

2023 年,胖东来在社交平台上全面爆火。2023 年 3 月鼓励员工的"委屈奖",6 月顾客与员工争执胖东来推出了 8 页的调查报告,12 月"胖东来员工不想上班,请假不允许不批假"等话题登上热搜,再到"一瓶酱油滴漏全线下架整改""召回东北农嫂甜玉米""无条件退货""免费清洗皮衣皮包、免费代煎中药、免费帮看娃"等花式宠客的报道,胖东来在广大网友心中留下了辨识度极强且良好的认知,所以类似的公关策略自然事半功倍。

其实公关和营销一样，不是拘泥于某种流程、某种形式，而是需要逐渐迭代的"思维方式"。小到免费代煎中药、免费带娃、免费清洗皮衣皮包，大到组建一个团队投票、全线下架一款商品、关停一个档口，这些都是公关。而品牌长期的交互与沉淀，会影响舆论走向、影响顾客心智，也能带动更多人的正向讨论，让身处危机中的品牌处在更有利的地位。

总之，胖东来的公关如此成功并不是因为报告写得好，而是多年来企业的价值观和实际行动高度一致。

真诚是最好的公关

在企业经营过程中，由于管理疏漏、员工失误等原因，难免会发生一些争议和负面事件。但公众对企业的评价，并不仅仅在于其是否犯错，也很看重其面对错误时的态度和应对方式。

一方面，面对引起公众关注的负面事件，胖东来秉持"不糊弄、不推诿、不逃避"的原则，公开透明、真诚地处理问题，第一时间展开调查，基于事实和证据公平公正地解决问题，让公众看到企业认真反思、严格处理的良好态度。

另一方面，对待看似微不足道的事件，胖东来同样保持真诚和严谨的态度。胖东来坚持"顾客面前无小事"的原则，将顾客的每一次体验都看得至关重要。

在胖东来公众号的投诉板块中，记录着这样一件事：某天晚上，有位顾客致电专柜，咨询某品牌理发器的信息，工作人员一时疏忽，登记后忘记及时回复，导致顾客在次日进行了投诉。对于一些企业而言，这也许只是一个小问题，只需道歉并补充回复即可。然而，胖东来的处理深入到了内部员工和相应部门，先是向顾客真诚致歉并上门赔付了 500 元的投诉奖，然后依规对当事员工进行了扣分处理，最后在部门内提出了员工每天下班前需查看专柜顾客登记本的新要求，以避免类似的事件再次发生。

总之，胖东来的危机公关，不仅展现了对顾客的尊重和对服务的重视，还展示了对待工作的严谨态度和持续改进的决心。

得道多助

二流企业让顾客满意，一流企业让员工满意。

当员工信任并爱上一个企业时，其在服务顾客时自然会传递出真诚的爱意。许多以服务为核心的企业虽然能为顾客提供无微不至的服务，对待员工却鲜少有服务意识。而胖东来在管理员工的过程中同样贯彻服务精神，致力于为员工创造美好、幸福的生活。

那么，胖东来是怎样做的呢？

首先，在"真金白银"上绝不亏待，力求优待。胖东来不含五险和分红的基本薪资，就已经是许昌当地平均工资的 1.5 ~ 2 倍，员工实际到手的报酬超过 7000 元，保洁人员也不例外，而当地其他单位保洁员的月薪只有两三千元。

除此之外，情人节、中秋节会发慰问金，结婚、生孩子会发贺金，不仅在节假日给予员工关怀，在其人生的重要节点也会给予支持。同时还设有各种奖项，如"见义勇为奖""发明创造奖"，甚至还有"委屈奖"，即员工按正常流程工作时受到委屈，即可获得 500 元到 5000 元不等的奖金，有网友戏称"'委屈奖'比我工资还高"。这种高薪酬甚至引发了部分同行的质疑和抵制，认为会给企业盈利带来压力。但胖东来用行动和坚持证明，善待员工与追求利润并不冲突。

其次，关注员工的个人成长和精神世界。于东来希望工作对于员工来说不仅是谋生的手段，更是学习进步的阶梯。因此，他十分重视员工的成长，希望员工在工作之余还能实现个人价值，于是花费 600 万元打造员工专属书店，为员工提供丰富的学习资源，还出资支持员工学习进修。

为了让每一位员工都能感受到工作的价值，胖东来还专门汇编了由员工撰写的内部资料《爱的路上——释放温暖的力量》，收录员工在工作中的真实故事和深刻思考。让员工意识到，在胖东来大家在共同做一份有意义的工作，为企业的发展贡献着自己的力量。

再次，胖东来危机公关的精髓在于：将服务意识与企业的经营管理深度融合。服务意识不仅停留在顾客层面，更延伸到了员工层面，构筑了一种为人民服务的大格局。正是这种以人为本的经营理念，使胖东来得到了员工和顾客的共同支持，形成了得道多助的良好局面。

第六章

DI LIU ZHANG

流量型商超的星火燎原

第一节 流量型网商的 AB 面

在当今实体零售普遍面临挑战的背景下，河南胖东来却以其独特的魅力，成为社交媒体上的"网红打卡地"。

"打卡"胖东来成了时尚风潮，人们边购物边直播，线下线上热度叠加，不仅吸引了本地顾客的青睐，更让外地游客慕名而来。胖东来的流量进一步呈几何级数放大。

胖东来火爆的背后，究竟隐藏着怎样的商业逻辑？流量会给胖东来带来什么？

"出圈"的胖东来

位于三四线城市的胖东来，一举一动都能火爆"出圈"。

这家企业究竟有什么样的"魔力"，竟能在互联网时代抓住众多年轻人的目光，带火一座城市的旅游市场？又是靠什么在传统商超"千店一面"的当下，成为"流量经济"的代表？

和一夜爆红的"短命"企业不同的是，胖东来的"火"不是一夜之间，而是来自多年诚信经营的积淀。胖东来正是凭借商品货真价实、服务精益求精、尊重员工权益这"三板斧"，在"千店一面"的零售业"砍出"了一片新天地。而顾客"用脚"投票，让胖东来在线上线下都大放异彩。

在互联网时代，胖东来的创始人于东来鲜明的个性成就了胖东来独特的管理和服务。众多年轻人关注胖东来的与众不同，背后也是被于东来的个性所吸引。

如何为于东来"画像"？

他既有普通人的一面，会 K 歌、烧烤、直播，又是一个有家国情怀的人，创业时捐钱给国家造航母，汶川地震时率领员工赴震区当志愿者。

他在一次专访时还说过这样一句话："我觉着中国人身上最美的东西、最丑陋的东西、最懦弱的东西、最无奈的东西，我身上都有，我把自己解剖了让你们看，我希望你们看到这种真诚。"

无论于东来再怎么有争议，胖东来对商品货真价实底线的坚守，始终如一。

胖东来还像在进行一种"试验"，努力平衡顾客和员工的双重利益。

通过货真价实的商品、贴心细致的服务让顾客满意，又通过"周二闭店""委屈奖"等措施提高员工的福利待遇，这让顾客和"打工人"都找到了共情共鸣点，而其中的贴心又在互联网时代被不断放大，并成为流量关注的焦点。

胖东来的"出圈"，离不开传播的助力。但也要认识到，网络传播是提振传统商超非常重要的变量。传统商超要学会利用互联网，融合线上和线下两个消费场景，用好了可以相互借力和促进。在互联网的聚焦和传播下，胖东来火了，它的影响已经传播开来。但流量对传统零售业而言，带来了客流，带来了销量，有时也会带来"负面"，甚至毁灭。

成也流量，败也流量

网红品牌和企业是互联网时代的产物，它们往往以独特的卖点、捕捉潮流趋势、病毒式营销等造势手段迅速捕获顾客的心。

然而，新鲜感褪去，大多数网红品牌和企业都难以逃脱昙花一现的命运。流量的狂欢过后，能否持续创新成为网红品牌和企业面临的最大考验。

比如，网红烘焙蛋糕品牌"熊猫不走"因经营不善全国门店停业、负债累累。创始人杨振华曾在工作群里发文致歉，承认由于自己的管理决策失误，致使资金链断裂，尽管他和其他高层借贷两千多万元来挽救企业，但最终还是无法扭转局势。

2017 年，杨振华创立"熊猫不走"烘焙品牌，以独特的"熊猫人"免费送货服务，提供唱歌、跳舞、魔术等互动表演迅速走红。很快"熊猫不走"便以创新的营销模式、高效的线上运营，实现了快速的扩张和显著的市场增长。

但"熊猫不走"的蛋糕质量不稳定，未能持续满足顾客的期待，品牌声誉受损，最终导致资金的枯竭和企业的崩溃。这家年营收超过 8 亿元，直营门店数在全国超过 110 家，有着超过 2000 万用户的企业，最终也没能逃过昙花一现的命运。

网红品牌和企业的走红，多数是因为在互联网背景下走对了营销的路子。但"成也流量，败也流量"，盲目地重营销使他们忽视了品牌建设最本质的东西。

网红企业和品牌的优势在于讲故事、做传播，可以短期内做出"爆品"，却忽视了企业和品牌最关键的是产品质量和创新。无法沉淀产品力，顾客第一次会为你的故事和营销买单，但能让顾客持续复购的，必定是长期稳定、值得信任的好产品。

相比而言，传统企业和品牌的优势在于做品牌、做价值，不仅追求短期的"爆款"效应，更致力于长期的品牌建设与价值创造，铸就持续热销的"长线精品"，比如胖东来。

在快速变化的市场环境中，只有不断创新和适应变化的网红企业和品牌，才能实现从昙花一现到长盛不衰的转变。

流量"大师"

于东来和他创办的胖东来毫无疑问就是运营流量的大师。

于东来深知流量的底层逻辑，那就是坚实的基本功。比如，可以和山姆、开市客媲美的商品和服务；比如，业界称赞的员工激励与管理体系，以及和谐的零供关系，这些要素让胖东来成了行业标杆。

在此基础上，对流量的运筹帷幄则是胖东来在业界"称神"的关键。

于东来善于运用流量。比如，于东来会宣布增加 10 天"不开心假"，只要员工不开心、不想上班可以请假，管理层不能不批。很快，亿万基数的"打工人"把这件事顶上了热搜。

让胖东来拥有巨大流量的热搜词有很多，"5000 元委屈奖""安排全员出国游""员工平均工资最低到手 7000 元"……

更为重要的是，当有负面舆情发生的时候，于东来擅长将局面向自己有利的方向转化。

比如，2024 年 2 月发生的员工"尝面条事件"，最终的处理结果得到了顾客的认可；比如，有顾客发现在东方甄选卖 6 元的"东北农嫂"玉米，在许昌胖东来超市售价高达 8.5 元，事发后胖东来主动召回高价玉米。

这些事件的每个节点，都在热搜上被数亿网友围观。热搜给胖东来带来了巨大流量，人们对它的关注开始从员工福利蔓延到超市业务本身，一批又一批博主自费来到许昌"探店"，又为胖东来生产出更多的流量，让胖东来的影响力不断扩大。

互联网口碑传播不仅为胖东来带来了更多的客流和关注度，也让其商业模式得到了更广泛的认可和借鉴。在流量经济的时代，胖东来成功地将线下流量转化为线上流量，实现了商业价值的最大化。

我们知道，胖东来的成功之道在于其高品质的商品和贴心的服务。从商品到服务、从顾客到员工、从线下到线上，胖东来都做到了极致。这种极致的追求不仅让顾客感受到了被尊重和被关怀，也让企业在激烈的市场竞争中脱颖而出。

探究胖东来现象级流量的背后，我们会发现，高品质的商品和服务让顾客得以满足的同时，又激发了他们表达这种满足的欲望；这样的表达又给企业带来了更多的顾客。

这也让我们看到了互联网口碑传播在商业发展中的重要作用，合理利用互联网平台进行品牌推广和口碑传播将是企业未来发展的重要推动力。

流量的密码到底是什么

胖东来火了之后，人们纷纷研究它成功的秘诀。

然而，很多研究就像盲人摸象，他们拿着胖东来某一个方面的优点，进行无限放大，以博眼球。这样的研究结果也就可想而知了。尽管很多企业在学胖东来，但迄今为止，还没有诞生第二个"胖东来"。所谓的流量密码，更多是研究者和学习者根据胖东来的发展历程推测出的主要动因罢了。

其实，胖东来能有今天的成功，主要是做好了两个方面：一是经营好了人心；二是打造好了一个体系。

于东来懂得什么对人是最重要的。他把对人性、人心、人情的深刻把握，深深地植入企业的经营当中，植入企业管理的方方面面。而流量自然会流向懂人心的企业，因为流量就是人心之所向。

在胖东来的员工管理中，会关注员工各种层次的需求，真正做到把员工当家人，身体力行地去解决员工工作和生活中遇到的各种难题，甚至以牺牲企业的经营利润为代价。网络上流行的于东来大肆发钱，给各个岗位以高工资是胖东来成功的秘诀，其实这只是胖东来尊重员工劳动的一个方面，发钱并不能解决员工需求的全部。

2023年12月底，胖东来广场里的茶叶超市贴出了这样一则公告：由于近期销售额大幅增长，为了确保经营质量，营业时间调整为10：30～18：00。对比商场整体的营业时间，相当于该区域员工的工作时间全天减少了4个小时。此前，于东来曾提到："员工太累了是会生病的。"

于东来善于从哲学的角度去阐述胖东来的管理和文化。在他看来，现在很多人看到的是胖东来"赚钱"，都想着学习这种赚钱的模式，其实最应该学的是胖东来模式背后的文化。

当然，经营企业，只有好的文化，也是不行的。文化能够告诉我们走向何方，但到底每一步该怎么走，就要从目标牵引、激励机制、操作流程、商品结构、供应链体系等去搭建、优化和提升，最后找到一条适合企业自己的路子。否则，员工就是再有意愿，也是做不好服务的。

其实，胖东来的成功，体系的因素要大于对人心的经营。

很多研究者和学习者对胖东来的解读，过度强调其人性化的管理和内部各种设施的细节，并不利于我们学习胖东来真正的企业内涵，我们研究学习胖东来，更多的要看其合理的商品结构、优质高效的供应链、细致入微的流程细节。

真正有爱的人，才会用心做事，用心做事的人，才能把看似简单的工作做得有条有理。从这个角度看，胖东来的爱文化和完善的体系是一脉相承的。

第二节　流量型商超的崛起

在网络时代，流量对传统企业的影响主要体现在市场格局的重塑、商业模式的变革以及营销策略的调整三个方面。线上渠道的快速发展打破了原有的地域和业态限制，使得竞争边界越来越模糊。传统企业不得不加快步伐适应流量时代新的经营逻辑。

胖东来多次登上热搜则从侧面预示着流量型商超正在崛起。

从流量转向品牌

流量时代商超的经营逻辑在于"区隔"，只有表现出自己的独特性，把自己和其他商超区隔开来，才能获得流量，进而产生销售。区隔的关键是构建起亲密的品牌关系，这样才能获得持久竞争力。

这就要求企业着力于品牌长期价值的深耕，着眼于与顾客的心灵沟通和情感共鸣，重构品牌差异，重新激活、赋能品牌的价值和意义，才能与顾客建立起更紧密、更稳定的品牌关系，保持持久的生命力和竞争力。

其实这也是所有品牌成长的路径，流量时代的网红品牌更是如此。只有从"流量为本"回归到"品牌为本"，才能摆脱网红品牌的短命宿命。唯有如此，网红品牌才能长久地存在于人们的视线当中，并且持续不断地和顾客保持互动，不断注入新活力，焕发新的生命力。

任何一个成功且长久的品牌都来自品牌价值对顾客心智的根植。我们之所以选择某个品牌，归根结底是来自品牌力所带来的品牌溢价——信任感。比如，胖东来生意火爆的原因就是其品牌给顾客带来的信任感。

网红品牌想要"长红"，必须从输出"爆款"商品、追逐流量转向输出品牌。原因其实很简单，遵循流量的底层逻辑让许多网红品牌通过"新鲜感"来俘获人心，但这种"新鲜感"的天然不可持续性让网红品牌必将遭遇生存的危机。

无论撕掉"网红"标签与否，网红品牌唯有从流量转向品牌才算是找到了"长红"的秘籍。

核心竞争力是关键

商业的本质是什么？

如果做食品，那就要做得比别人的好吃一些，配料表更干净些，这样回头率才能高一些。如果做超市，那就要顾客能在这里买到满意的商品和服务，超市的复购率才会高一些。

只有做好了本质的事情，生意才会越来越火爆。企业不能依赖于局部的流量红利，因为这个局部流量红利只能带来一时的繁荣，并不能长久，流量终会散去，商业也终将回归本质。

流量是什么呢？

流量其实是核心竞争力的放大器，企业核心竞争力有了流量的加持，企业才是真正的红，比如胖东来。

胖东来从商界学习和膜拜的对象渐渐演变为外地游客"打卡"的网红点，它的爆火从某种意义上说，也是社交媒体强推之下流量运作的结果，但更关键的是其品牌的多年积淀爆发出的力量。

企业还应该注意的是，流量不只是企业核心竞争力的放大器，一旦掌控不好，流量也会反噬企业。

事实上，伴随着流量爆火的胖东来也面临新的挑战。大量外地游客和代购的涌入，给门店的服务质量和管理能力带来了严峻考验。茶叶店排队1个小时还进不了门、热销商品被抢购一空、购物体验大打折扣，越来越多的顾客开始吐槽胖东来的购物体验。

在新的发展节点，胖东来也需要直面挑战，破解流量密码，方能实现基业长青。

让流量为企业服务

"我的希望不是做生意，而是想让更多人幸福地生活。"是于东来这种对幸福的执着追求，让胖东来成了人们心中的购物天堂；是先有了这样的理念，才有了流量带来的火爆。

互联网电商在过去的发展中，有些套路让顾客感到疲惫和厌倦；而胖东来则坚持真实、真诚的服务，让顾客购物无忧、放心。这种以顾客为中心的经营理念，正是胖东来能够赢得顾客青睐的关键。

然而，很多商家却忽视了这一点，一味追求流量和利润，不惜采用各种短视的行为，不仅损害了顾客的利益，也严重破坏了市场秩序。

在胖东来购物，顾客不仅能够享受到优质的商品和服务，更能够感受到温暖和关怀，这种美好的体验是其他商家所不具备的。

目前，网络传播是提振实体经济过程中非常重要的变量。线上和线下两个消费场景，用好了可以相互借力和促进，从"淄博烧烤"到"尔滨热"，再到"胖东来"，互联网是以议题形成和传播为主要渠道，它让地方议题成了全国议题，并且引导了线下旅游、餐饮、消费的行为，完成了"现象—热点—行动"的传播链条。

时代在前进，传统零售企业不能故步自封，要学会利用流量这把利器。

毫无疑问，胖东来是懂得社交媒体时代的传播规律的，它"出圈"的秘诀在于"独特"。不走寻常路的经营方式、人性化的企业关怀，以及细致周到的服务都是拉开与同行业差距的"爆点"，但这种独特想要形成风潮，离不开社交媒体上吸引人眼球的种种宣传。

如何让流量为企业服务，是新时代的新话题。

抓住流量机遇

尽管胖东来模式很难复制，在互联网的聚焦和传播下，胖东来的影响已经传播开来。

这波流量能够持续多久，对"日子难过"的零售业而言，如何抢抓机遇、蓄势突围，值得思考。

实体零售企业如何用好流量呢？从传播的角度来说，要继续与用户共情，让品牌的好故事被听见、被看见；从经营的角度，商品要真材实料、经得起考验。

对于实体零售企业来说，企业公众号、视频号、抖音号是当前需抓住的途径。但如何用好流量红利，则取决于实体零售企业的供应链建设。实体零售企业商品的价格、质量、差异化要能与公域电商有竞争的能力，同时还要有相应的组织架构支持流量运营及建设，才能推动实体零售企业的线上发展。

对于实体零售企业来说，流量是锦上添花，其运营成功的关键归根结底在于赢得顾客的心。

胖东来用它的行动告诉我们：真诚与关怀，才是穿越周期、赢得顾客心的关键。

今天，胖东来不再仅仅是一家商超，它已成为行业的文化符号和学习标杆。不少企业慕名前来学习，借鉴其成功经验，这意味着胖东来完全可以打造自己的文化 IP，将影响力扩展到更大范围。

2024 年，胖东来数次成为互联网上的热搜词。

乘着流量的东风，胖东来在行业里掀起了一场调改之风，让冠上"胖东来帮扶对象"标签的零售企业也成为互联网上的热搜词，使其在社会声量、话题热度，甚至是股价走势上都有了吸睛表现。

2024 年的胖东来变身成为零售行业的"咨询公司"，这或许会成为胖东来的线下"扩张路线"。

独特的扩张路径

胖东来究竟是不想扩张，还是不能扩张，一直是公众热议的话题。

尽管胖东来早已被"封神"，但"走不出河南"的质疑声一直不断。截至目前，胖东来仅布局了河南许昌和新乡两座城市。

而声势浩大的调改风潮，背后会不会是胖东来"曲线"走出河南、布局全国的战略意图？会不会是胖东来下的一盘供应链大棋，以便其以成本更低、成效更快的方式铺开全国市场？

于东来在永辉超市调改启动会前明确表示，胖东来不会踏入郑州市场，但会将胖东来供应链、服务理念及体系传导给郑州同业伙伴，届时郑州的顾客也不必跑到许昌排队了。

但胖东来调改永辉郑州门店给行业带来了丰富的想象力，一种流行的看法是胖东来想对其管理能力、商业模式、竞争力等进行测试。

从胖东来和永辉公布的商品调整计划上可以看到，永辉根据胖东来的商品结构重新取舍门店商品，调改门店商品结构要达到胖东来的 90% 以上，并引进爆款的胖东来自有品牌商品。实际调改结果基本上和计划吻合。

可以说，共享供应链、引入胖东来自有品牌，是这次调改的重点。更为关键的是，业界不少人认为，胖东来调改其他超市，也是为了实现自有品牌的规模扩张。

自有品牌往往被零售行业视为差异化的标志，在保证品质的情况下，通常价格更低，但其必须形成规模。一般扩大规模的做法要么是开更多的店，要么是做线上电商。显然，胖东来并没有选择这两条路径。

2024 年 5 月，胖东来自有品牌商品的销售额占步步高长沙梅溪湖店总销售额的 28.22%。这家店是胖东来调改的首家步步高门店，该店于 4 月 11 日正式启动调改，4 月 25 日左右商品结构达到了胖东来的 90%。

将供应链、服务理念及体系传导出去，或许是一条不错的扩张路径。

"帮扶"式扩张

胖东来的"扩张模式"，规模不大，动静却不小。

不少业界人士认为，胖东来的调改实际上就是推动其自有品牌的多渠道扩张。但于东来否定了这些说法。最有力的证据是，进入其他超市的胖东来商品，都是和多家供应商经过竞价后才实现的，这甚至造成了胖东来自有品牌商品严重供不应求的局面，但是胖东来还是把部分产能拿出来支援改造门店。

于东来在零售界掀起了一股"爆改"之风，部分超市门店业绩得到了实打实的提升，这样的正向激励，使得胖东来的"学徒"、于东来的"信徒"越来越多，让其倡导的"自由·爱"的理念得以大范围传播。

比如，步步高长沙梅溪湖店在 2024 年五一假期由平均日销 15 万元涨到 210 万元、日均客流由 200 人涨到 15963 人；比如接手帮扶永辉超市后，2024 年 5 月 8 日永辉就迎来了一个久违的涨停板。

"走不出河南"的胖东来，2024 年其影响力开始波及全国，一边开通线上商城向全国发货，一边以调改为契机，通过"胖东来式的扩张"将商品结构、顾客服务等经营机制与文化理念逐渐向整个行业推广。

胖东来多次强调，和步步高、永辉之间的合作应该称为"帮扶"，并不是扩张。于东来表示，调改永辉，胖东来方面没有收取任何费用，也不涉及任何回报。帮扶团队的工资、交通食宿等还需要胖东来自己承担。

亏钱帮忙，其实还是挺符合胖东来的一贯的"人设"的。

随着传统零售企业进入不得不转型的痛苦期，实体商超企业亟须一场拨云见日的新革命。

恰好这时，于东来带着他的文化理念和独特的"扩张模式"来了。

总裁班

2023 年 6 月，于东来宣布从管理一线退出，"退了80%，还会在财务与后勤做一些服务工作，在大的方向方面做一些鞭策"。

这让于东来有了更多的时间和精力用于胖东来理念的推广以及对行业里一些企业的帮扶上。对于东来来说，这更像是一门新生意。行业里对这门生意的需求也颇为旺盛，实体零售企业困难重重，它们很难拒绝成为"胖东来门徒"的诱惑。

虽然胖东来所有的管理手册、经营资料都在其网站公开，甚至其中央厨房的作业流程、所用设备的型号和供应商，也都公开对外展示，但能直接到胖东来门店"拜师学艺"，特别是能面对面和于东来交流，仍是不少企业家梦寐以求的事情。

事实也证明了这一点，每年有数百支来自全国各地的赴胖东来游学的团队，许昌、新乡两地还诞生了专门组织接待胖东来游学的相关企业，一些从胖东来出来的员工也成立了咨询公司。

显然，这是一门不错的"生意"，但这门"生意"最让于东来担心的是，把胖东来的理念带歪了。于东来的对策是自己来做这门生意。

2022 年 3 月，东来研究院成立，并先后推出种子班、第一期总裁班和第二期总裁班。与于东来合作成立东来研究院的联商网对外公布的相关数据显示：种子班招收 12 家不同区域商超企业，每年费用 50 万元，企业接受于东来一对一辅导以及胖东来专业团队帮扶；两期总裁班，每期名额 100 人，学费分别为 3 万元和 10 万元。但这并不意味着所有的企业都可以交钱参加培训，于东来提出了三个条件，对学员加以限制：企业创办超 3 年、净资产不低于5000 万元、上一年利润为正。这三个条件仅是入门门槛，于东来会在此基础上，根据自己的精力和时间确定可以入学的企业个数。

然而，这个总裁班给学员培训的内容很少涉及实操方面，于东来讲得更多的是理念和方向，比如"自由·爱"，比如"如何分钱"、运营与管理的细节等。

对于胖东来的理念，于东来坚信不疑并认为这是些"非常好的东西"，"胖东来的理念太珍贵了，用这个理念去做什么都能做好，我们也想把经验和方法分享给更多的企业，最起码拉他们一把。让这个社会少一些苦难，多一些美好的元素。"

随着总裁班的不断开办，胖东来理念在零售业甚至其他行业得以传播，这让胖东来的扩张有了理论和思想基础。

一所学校

总裁班在不断演化，使得胖东来看上去像一所学校，这正是于东来的初心。

胖东来从超市变成一所学校，那在这所学校里学习的学生能取得什么样的成绩呢？

2024 年 6 月 19 日，经过胖东来团队 19 天的调改，永辉超市郑州信万广场店重新恢复营业，第一天客流达 12926 人，销售额达 188 万元，是调改之前日均销售额的 13.9 倍。

类似的成绩单不止一张，从区域超市江西嘉百乐到老牌超市步步高，再到后起新锐青海一家亲，经过胖东来"点化"的商超企业，无不"旧貌换新颜"，销售额大增。

经营管理的技法和秘密，胖东来绝不藏私，都会拿出来与行业共享。胖东来超市入口处有一块牌子，详细注明了这家门店从商品到设备的供应商名单和电话；学习者还可以通过胖东来官网以及东来讲堂，了解胖东来多年积淀的知识，甚至有内部管理文件、实操指南和调改实录。在这方面，胖东来可以说是倾囊相授。

但"有道无术，术尚可求；有术无道，止于术"。

规范作业标准、提升薪资待遇，应该是最容易复制的。但想彻底参悟"胖东来何以成为胖东来"，最需要搞懂的是公司灵魂人物对商业本质和人性的理解，也就是"道"的层面。

胖东来之所以执着地成为一所学校，原因也在于此。

于东来也多次在公开场合表达了这一点："胖东来的属性就是成为一所学校，传播和创造先进的文化理念和先进的生活方式，培养员工健全的人格，成就阳光个性的生命，为社会提供一种健康、公平、真诚的经营模式，其中包括文化、机制、标准和系统。"

那么，胖东来能带动多少企业走向更加健康、更加自由、更加幸福的状态？答案既简单也复杂：那就看能有多少胖东来理念的种子在商业领域生根发芽。

理念的种子

在胖东来的内部资料和于东来的公开讲话中，被提及最多的并不是企业管理的方法和理论，而是文化理念。

"更重要的是希望能寻找一种好的方式、方法、生活理念，把中国传统的文化、最美的生命的状态，包括世界上先进文化的生命状态和生活的一种方式总结下来，然后去鞭策企业的人懂得怎样生活，懂得让自己成为一个轻松的人、自由的人、阳光的人、健康的人。"

"做企业不是为了名和利，而是启迪社会对人性的思考！"

……

很难想象，一家企业整天在给员工分享关于人性、幸福、文化等"虚无缥缈"的东西!

也很难想象那些关于"自由·爱",关于"传播先进文化理念""培养健全人格""成就阳光个性的生命""让社会更美好"的论调是出自一个企业家之口。

"自由·爱"这样的内容,更像大学里哲学系教授送给尚未涉足社会的本科生的心灵鸡汤。

在胖东来之前,企业里的人不是不相信"自由·爱"的力量,而是不相信靠着"自由·爱"能赚钱,能把生意做好。因为不相信,所以也就很少有人彻底地践行。

直到于东来的出现,直到胖东来的成功,直到短视频把胖东来带到每一个人的面前,人们才明白商业活动是可以健全人格的,是可以让人们的生活更美好的。

这样的理念就像一颗颗种子,在胖东来这片肥沃的土地上生根发芽、茁壮成长,终成景观,并从胖东来四散开来,让整个商业领域重新思考做企业到底是为了什么,以及企业应该有什么样的价值观。

在零售行业经常能听到这样一句话:希望胖东来能做出一个样板,可以让我们中国的超市行业学习。

为什么胖东来能做这个样板?是因为它有先进的文化理念,懂得如何正确地爱人、如何科学地做事、如何美好地生活,而胖东来就是这一切的试验田。

经过 20 多年的发展,胖东来这块试验田已然开出灿烂的花朵,结出美丽的果实。剩下的就是把自己作为种子,撒向周边和更远的土地,让更多的地方也美好起来。这是于东来和他的胖东来追求的扩张路径,这是美好生活的扩张方式,这是商业向善的必然结果。

第四节　胖东来线上飞跃的可能性

于东来曾多次表示自己对于财富的追求不那么强烈，按胖东来现在的人气，如果于东来愿意，一定有资本愿意投资帮助胖东来扩张。只是，对于扩张，于东来有自己的思考。

于东来并不是故步自封，他也想给员工以及股东创造更多的收入，让他们更幸福。于是我们看到，胖东来开始往两个方向发展：一是自有品牌的打造和供应链化；二是线上化，顾客可以通过短视频官方账号购买，也可以通过官方小程序商城购买。

线上拓展正在成为胖东来的新蓝海。

布局线上

在流量的加持下，胖东来的经营理念开始走向全国；而在线上，胖东来的自有品牌已"走"出了河南，"走"向了全国。

胖东来线上商城分为东来优选超市、东来优选茶叶及东来优选珠宝三大板块。同样的板块在小程序上也有体现。

胖东来线上售卖的商品均为胖东来的自有品牌商品。对于线上购物，胖东来的官方介绍是这样的：顾客下单后将从许昌发货，起送价为 59 元。线上商品数目前并不多，由于质保、物流时效等因素，面包、熟食等无法上架。

线上商城的开通，让胖东来的热度再次飙升。在社交平台上，能看到不少顾客分享自己在胖东来线上商城抢购的攻略，也有很多网友表示"没抢到，每次点进去都售罄了"，可见其网上商城受欢迎的程度。自胖东来的服务和商品"出圈"后，全国各地很多人邀请胖东来走出河南，开到其他地区。但胖东来线下拓展仍较为谨慎，线上商城则为顾客提供了购买渠道。

很明显，胖东来开通线上渠道，是品牌利用现有市场影响力进一步延伸的表现。对于胖东来来说，这条路还在探索之中。

胖东来线上业务开始于 2023 年 3 月。彼时，胖东来线上商城小程序主要售卖的是自有品牌"东来优选"，涵盖书本、酒类、花生油、零食等。

此前胖东来一直在小范围布局线上业务，其在 2022 年末推出了"胖东来抖音商城"，粉丝数量为 256 万，在售商品有 7 种，也都是胖东来的自有品牌。

这就引出一个值得探讨的问题，以优质商品、极致服务著称的线下企业胖东来，为何要打造一个无法彰显自己优势的新渠道？问题的答案自然要回归行业、品牌及顾客偏好。

首先，全渠道发展已成零售企业的共识，到店与到家业务的并轨发展有利于企业全面发展。

其次，胖东来已在顾客心中建立了独特的品牌心智，在此基础上拓展电商渠道不过是水到渠成之举。尤其是即配到家业务，对于拉动消费频次能起到积极的推动作用。对于当下消费主力的年轻客群而言，线上消费已经成为生活中不可或缺的一环。

再次，大众消费偏好愈发强调"多屏共振"，追求即看、即点、即买、即得，商超只能想办法增加消费触点，顺势而为。

正如于东来所言，要用超越时代的眼光、格局来做事情，只要是为人们带来美好生活的东西，我们都要接受。

入局线上

2021 年，于东来在一次会议中透露，胖东来将建立网上商店，支持订货配送。这可以看作是胖东来试水电商的初次尝试。

随着网购群体迅速壮大，网购习惯已经养成，胖东来也希望通过入局电商更好地适应市场变化，吸引更多顾客。试水电商可以看作是胖东来适应时代变化和消费需求的一种转型和创新。

不过，对待线上市场，胖东来是谨慎克制的。打开商城界面可以看到：一是商品的数量比较少；二是胖东来的"网红"商品更少，大部分是自有品牌商品。

对于熟悉线下生意的胖东来来说，即便是坐拥流量，线上生意也并不是一件简单的事情。胖东来之所以能成为"网红"超市，主打的就是极致的服务和给予员工的极致的福利。

但服务本身，在线上难以复制。如何保证商品质量、如何完成物流履约能力、如何保证售后等，这些都对胖东来提出了更高的要求和挑战。但这并不意味着，发展线上业务对传统商超来说是"可望而不可即"的事情，山姆线上业务的成功就是例证。

山姆在 2017 年 12 月通过前置仓形式发展线上零售，截至 2023 年底，山姆前置仓数量已增至约 500 个，布局了 25 个城市。公开资料显示，山姆每个前置仓的面积约 500 ~ 800 平方米，为周边 5 公里内的顾客提供 1 小时极速达、常规同城配送和电商配送等 3 种配送方式，并通过社会代购覆盖配送半径外的周边地区。

依托这些前置仓，山姆在 2024 年 1 月开通了全国配送，意味着其线上业务覆盖范围远远超出了开设线下门店的 25 个城市。

更重要的是，山姆 2023 年中国业务电商占比约 60%，显著超越线下到店业务，成为业绩第一支柱，这证明超市线上化趋势不可阻挡。

我们有理由相信，山姆做成的事胖东来也能做到，有了"电商梦"的胖东来已经走出了第一步。

如何飞跃

早在 2023 年 3 月，胖东来线上商超就开通了，主要是为了服务一些不便出门或者外地的顾客。

和线下实体门店成为"景区"相比，胖东来的线上商城谈不上火爆。究其原因，一方面，胖东来主要深耕许昌、新乡，当地的顾客更倾向于去实体门店消费，因为去线上商城购物不仅会增加购买成本，还无法亲身体验胖东来的优质服务；另一方面，胖东来线上商城的销售品类相对较少，使其线上商超对外地顾客的吸引力大打折扣。

在当下这个互联网时代，不仅仅是胖东来，很多商超都开通了线上渠道，这也预示着线上线下融合是商超发展的趋势。

过去，超市是顾客购物的主要场所，货架上琳琅满目的商品是吸引顾客的关键，但在互联网购物的冲击下，线下超市的客流量不断下滑，获客成本也在提高。

很显然，未来商超不仅要打造出独特精致的线下购物坏境，还要建设线上购物平台，突破实体门店的空间局限。实体门店可以作为线上平台的展示窗口和体验中心，顾客可以在实体门店感受商品的质量和服务的细节，再通过线上平台完成购买。

把超市当成仓库，线上线下融合运营，是一种符合时代发展趋势的商超转型新思路。

事实上，胖东来是有线上飞跃基础的。因为胖东来具有"网红"特质，能吸引较大的客流，有稳定的消费群体。胖东来开通线上渠道之后，可以布局一些前置仓，销售高性价比的独家商品，通过"爆款"吸引流量，为顾客提供极速配送，提高顾客的购物频率……更为重要的是，这可以为胖东来发展线上业务摸索出一条路径。

技术是发展的重要维度

技术一定是驱动零售变革非常重要的一个维度。

所有的连锁零售企业都是技术变革的受益者。很多零售企业之所以能够达到"千店万店"，都是得益于计算机信息技术的发展。如果没有计算机信息技术的应用，靠"算盘"等传统手段，企业不可能实现这样的规模目标。

技术对于零售行业、零售企业具有三个方面非常重要的价值：一是提高零售效率；二是降低零售成本；三是创新新的零售商业模式。

未来的零售业，一定需要技术的驱动，变成效率更高、更智能、成本更低的零售。

未来的零售，一定需要借助数字化技术、智能化技术进一步降低零售成本。传统零售属于劳动密集型行业，这一特征一直影响着行业的发展。如何借助新的技术手段降低企业运营成本，必须成为行业、企业的变革首选。

对胖东来模式，我们要学的是其理念，而不是表象。对于大多数零售企业来说，借助新技术，可以减少对人员的需求，降低用人成本。降低企业的运行成本一定会是零售变革的主要方向，在这点上，胖东来也是积极的行动者，胖东来不排斥对新技术的应用，应用新技术和胖东来理念并不相悖。

未来的零售可能会成为复合商业模式的零售，商业模式可能变得更加多元化。而商业模式的迭代一定需要技术的支撑。

企业必须高度关注技术对行业、对企业可能产生的重要影响，积极探索零售创新与技术发展高度融合的新零售模式。

当前，对企业运营中遇到的问题，首先应当思考如何用技术手段去解决。

全渠道变革

中国的零售市场已经变成了全渠道市场。探寻未来的中国零售变革，必须把全渠道作为重要的出发点。

零售变革的一个重要突破点是如何搭建全渠道高度融合的新零售模式。目前来看，传统的以线下为主体，简单辅以线上的零售模式，恐怕不能完全适应未来的零售市场全渠道变化，需要重新变革线下＋线上高度融合的新零售模式。

山姆的电商＋前置仓模式便是一个较为成功的全渠道零售的实践，最近一些便利店＋前置仓的探索也是一个非常有价值的尝试，包括门店生意那么火爆的开市客，也已经开始了全渠道的探索。

零售企业、商超企业做全渠道的变革是必须的，也是有基础的。即便是胖东来，也开始探索全渠道零售的变革路子。

未来的中国零售业必须形成到店＋即时零售＋社群零售＋前置仓＋电商等各种零售形式的高度融合。

这对商超企业来说，既是挑战更是机会，在这样的一个关键节点，希望胖东来能为行业探索出一条路径。

第五节　为什么胖东来这么火

2024 年 1 月 28 日上午，在河南省第十四届人大二次会议上，省长王凯作政府工作报告。其中提到，支持胖东来等流量商超发展。

这是和谐政商关系的体现，也标志着政府对胖东来等流量商超的认可，推动并加速着流量商超、城市经济、文旅发展之间的融合与相互促进。

在胖东来爆火之前，很多人并不了解许昌这座城市。

在胖东来爆火之后的 2024 年五一假期，许昌胖东来天使城、时代广场、生活广场 3 个门店共接待游客约 155 万人次。因为可以不买门票随便逛，胖东来也被戏称为全国最划算的"5A 景区"。

生于许昌的胖东来在这片沃土上成长为"中国零售业神一般的存在"，在其"出圈"之后，也让许昌火了。

2023 年，随着郑州到许昌市域铁路的开通，以及巨大流量的加持，胖东来的客流量开始了大幅度增长。许昌文旅局发布的数据显示：2023 年中秋国庆假期，胖东来共接待游客 270 万人次，其中胖东来天使城接待游客达 140 万人次，外地游客占 95% 以上。而该假期许昌共接待游客 750.4 万人次。换言之，接近三分之一的游客都去了胖东来。

胖东来的"出圈"给了外界了解许昌的机会。这对许昌来说意味着无限商机,许昌这座城市亦在努力接住这波流量,抓住商机。

2024年3月,为方便外地游客到胖东来购物,许昌有关部门对18路公交车线路进行优化,取消了近40个站点,从许昌东站发车,直达胖东来多家门店,被游客亲切地称为"胖东来专线"。

这只是许昌"宠客"的一个缩影。

胖东来是一家享有盛誉的民营企业,胖东来理念和经营模式赢得了行业乃至整个社会的广泛认可。胖东来的成功,不仅仅在于其商业模式的创新,更在于其对员工的关爱、对社会责任的承担。这是当前社会经济发展所需要的。

尽管如此,一个民营企业能够被写进政府工作报告,实属少见。这无疑是对民营企业的有力肯定和支持,也是对胖东来企业发展的高度认可。

问题是,为什么胖东来能得到政府和全国人民的认可和喜爱?

问题是,胖东来最内核的东西到底是什么?

对于全国各地蜂拥而来的学习者,于东来多次做出这样的提醒:不要只把目光盯在"术"的层面,要去探究胖东来背后的"道",也就是胖东来的文化和理念,这才是最珍贵的。

于东来的讲话,很多都是围绕着文化和理念的。"文化是一个企业的灵魂,也是一个社会的灵魂,文化是服务于人性的,它源于人性对美好的思考和期盼。就像几千年来的哲学家、政治家、经济学家或者宗教人士一样,都是在思考怎样让社会更好地发展,让人类更友善、更文明、更健康、更和谐地相处。"

这些文化和理念已经在许昌传播开来,因为胖东来,许昌的酒店会给你洗车,城管会帮你摆摊,市委市政府会让你停车,节假日酒店不涨价。在许昌,随时随处能看到胖东来的影子，比如遇到的市民展现出来的文明感。他们也不避讳地讲，这一切的美好都是受到了胖东来的影响。

可以说，胖东来的文化理念已经深深地改变了许昌这座城市的社会风貌。

胖东来通过"真、善、美"带动更多人践行"真、善、美"，温暖了一座城，推动了胖东来所在地的商业文明和社会进步，其所创造的价值造福了整个社会。

为什么胖东来这么火？

因为它让人们看到了希望，看到了"做好人、干好事"不仅能得到尊重，也能挣到钱。

为什么胖东来这么红？

因为它让大家开始相信，坚持商业向善的理念、坚持真诚和品质、坚持利他原则，也能拥有未来，而这样的未来让企业家更自由、更心安，也更幸福和有意义。

愿我们这片土地上能生长出越来越多的胖东来。

参考文献

1. 诚挚 . 群体进化论公众号 . 胖东来的持续爆火，是中国商业文明进阶的前奏 [N/OL].2024-07-19.https://mp.weixin.qq.com/s/X26SgKOQh8DxrWUJsgLSEw

2. 行业观察 . 纳食公众号 . 谁在"毁掉"胖东来 [N/OL].2024-04-22.https://mp.weixin.qq.com/s/JKFcws5zdsg-UdTb9sngNw

3. 孙宏超 . 棱镜公众号 .10 万学费 + "爱与真诚"，于东来欲"量产"胖东来 [N/OL].2024-07-04.https://mp.weixin.qq.com/s/Vy6KsnRfEmNHwGkyMMBV-A

4. 五月海子 .MBA 智库公众号 . 看了胖东来的 8000 元"委屈奖"，我顿悟：看一家公司好坏，就看它对员工的态度 [N/OL].2023-4-20.https://mp.weixin.qq.com/s/2jiMpf3Kxa1TLnEO8p8TsA

5. 经纬创投主页君 . 经纬创投公众号 . 为什么学不透胖东来？ [N/OL].2024-07-10.https://mp.weixin.qq.com/s/X3sNhOCTE2JRSO98Mc9rxQ

6. 叫我以实玛利 . 抱朴财经公众号 . 试着理解胖东来 .[N/OL].2024-06-19.https://mp.weixin.qq.com/s/mnCt2xwfaCR58lCJFqLJZg

7. 刘春雄 . 新折扣商业公众号 . 胖东来引领消费升级是品牌商的耻辱 [N/OL].2024-06-27.https://mp.weixin.qq.com/s/UFvBAEm0T-EK09crTdp_oA

8. 何伟 . 华夏基石管理评论公众号 . 胖东来的企业文化为何难复制？ [N/OL].2024-06-07.https://mp.weixin.qq.com/s/hZJzXa_7XM19AM78fLqMpA

9. 施璇 . 南方周末公众号 . 胖东来"爆改"永辉：一场聚光灯下的多赢实验 [N/OL].2024-06-06.https://mp.weixin.qq.com/s/co5mDiQHCAxTIaNMPy2tgw